KB265802

바로간다
현대모비스

바로간다 현대모비스

초판 1쇄 발행 | 2016년 5월 1일

지 은 이 | 임은영, 이재호
발 행 인 | 김영희
기획·마케팅 | 권두리
편   집 | 변호이, 김민지
디 자 인 | 문강건, 한동귀, 김은환
발 행 처 | (주)에프케이아이미디어(프리이코노미북스)
등록번호 | 13-860호
주   소 | 07320 서울특별시 영등포구 여의대로 24 FKI타워 44층
전   화 | 출판콘텐츠팀 | 02-3771-0247 영업팀 | 02-3771-0245
홈페이지 | www.fkimedia.co.kr
팩   스 | 02-3771-0138
E - mail | anyhow4152@fkimedia.co.kr
I S B N | 978-89-6374-221-2 13320
정   가 | 1만 1,000원

◆ 낙장 및 파본 도서는 바꿔 드립니다.
◆ 이 책 내용의 전부 또는 일부를 재사용하려면 반드시 FKI미디어의 동의를 받아야 합니다.
◆ 내일을 지키는 책 FKI미디어는 독자 여러분의 원고를 기다립니다. 책을 엮기 원하는 아이디어가 있으면
  drkwon@fkimedia.co.kr로 간략한 개요와 취지를 연락처와 같이 보내주십시오.

이 도서의 국립중앙도서관 출판예정도서목록(CIP)은 서지정보유통지원시스템 홈페이지(http://seoji.nl.go.kr)와
국가자료공동목록시스템(http://www.nl.go.kr/kolisnet)에서 이용하실 수 있습니다. (CIP제어번호 : CIP2016008652)

바로 간다

현대모비스

베스트 애널리스트의 분석과
취업멘토 교수의 가이드

임은영·이재호 지음

프리이코노미북스

취업에 왕도는 없지만 바른 길은 있다

사실 취업 준비에 왕도^{王道}가 있을까 싶습니다. 준비한 내용은 같아도 면접관의 성향이나 기호에 따라 그리고 지원자의 당일 컨디션에 따라 당락의 결과가 달라지기도 하는 것이 취업이기 때문입니다. 하지만 면접과정이 다면화·다층화될수록 이런 운^運의 요소는 점점 희박해지게 됩니다. 최근 주요 대기업들은 선발의 변별력을 높이기 위해 인·적성 테스트 도입은 물론 자소서를 직무에세이 형식으로, 면접을 합숙 형태의 집합면접으로 전환하였습니다. 여러분도 당연히 이런 채용 프로세스가 탈^脫스펙을 위한 것임을 잘 알고 계실 겁니다. 하지만 탈스펙을 위해서 무엇이 가장 필요한지에 대한 인식은 부족한 것 같습니다. 사진, 어학점수, 자격증, 수상 경력, 교환학생 경험 등과 같은 것을 안 본다면 과연 무엇으로 지원자의 역량을 평가할 수 있다고 생각하시는지요?

결국 서면^{書面}과 대면^{對面} 과정에서 지원자의 간절함과 준비 상태로 판단할 수밖에 없습니다. 간절함이란 먼 길을 함께 가도 좋겠다는 확신을 주는 것이고, 준비 상태란 희망 회사에 지원하기 위해 구체적으로 얼마나 많은 고민과 탐구활동을 했는가에 의해서 결정됩니다. 그래서 집합면접장에 들어가면 상황 케이스를 주고 전략이나 아이디어를 도출해보라는 질문이 빈번하게 출제됩니다. 사실 전문가도 이런 질문을 제한된 짧은 시간에 소화하기 어렵습니다. 해법은 면접관이 무엇을 기대하는지를 간파하는 데 있습니다. 입사를 위해 많은 고민을 해봤다면 그래도 '나름의 답을 하지 않을까'라는 면접관의 기대를 충족시키는 것 말입니다.

그래서 취업을 제대로 준비하기 위해서는 기업에 대한 이해가 전제되어야 합니다. 시간에 쫓기다 보면 기업 분석의 필요성은 인정하지만 엄두가 나질 않는다는 생각이 드실 겁니다. '급할수록 돌아가라'는 속담이 있습니다. 급하면 무엇을 해도 몰입할 수 없다는 의미일 것입니다.

본 기업분석 시리즈는 취업 포털의 채용 공고문을 확인하는 순간부터 시작해도 전혀 무방합니다. 서류 심사에서 최종 면접까지 1개월에서 2개월의 기간 동안 본서를 활용하는 것에 시간적 부족함을 느끼지 않을 것입니다. 1장 산업 파트만 읽어도 기업을 분석하는 것에 대한 막연함에서 벗어날 수 있습니다. '멘토의 팁'과 '관련 자료 찾아보기' 코너를 곁들인 이유가 바로 여기에 있습니다. 애널리스트의 친절한 설명과 멘토의 가이드를 따라가다 보면 어느새 회사를 보는 안목이 생기는 것을 깨닫게 될 겁니다. 면접관이 무엇을 중요하게 생각하는지 알게 되므로, 자소서에 어떤 소재를 활용해야 할지 면접에서 어떤 부분을 언급하고 강조해야 할지 자연스럽게 알게 됩니다. **왕도는 없다고 했지만 바른 길은 있습니다. 바로 가는 취업을 원한다면 지금 바로 첫 페이지를 펼쳐보시기 바랍니다.**

한국 자동차산업의 내일을 이끌어갈 현대모비스에 지원하려면…

현대모비스는 매출 40조 원 및 시가총액 25조 원으로 한국증시 5위 기업이다. 현대모비스는 한국의 대기업 중 가장 드라마틱하게 사업구조가 변화된 회사이다. 설립 초기에는 현대정공이라는 사명과 함께 컨테이너사업이 주력이었는데 1983년에는 글로벌 시장점유율 35%를 기록하며 1위 업체로 등극하였다. 1980년대 중반 이후에는 그룹에서 필요한 사업을 이것저것 하는 모습을 보이다 1988년부터 자동차사업을 시작했다. 자동차 부문을 육성하려 했던 그룹의 목표에 따라 4륜구동차를 만들기로 결정한 것이다. 그 첫 모델로 1991년에 출시된 갤로퍼는 1년 만에 판매대수 2.3만 대를 기록했고, 4륜구동시장에서 51.9%의 점유율을 차지하였다. 이후 2000년대 초반에 이뤄진 현대그룹의 구조조정 과정에서 현대모비스는 본격적인 자동차부품사로서의 성장 과정을 거쳤다. 지난 15년간 CAGR(연평균 성장률) 21.8%의 매출성장세를 보이며, 그룹 내에서 가장 탁월한 실적을 기록하였다. 이전 사업들로 세계시장을 여러 번 석권해본 경험이 현대모비스가 빠르게 성장할 수 있었던 바탕이 된 것이다.

그러나 이러한 화려한 성장에도 불구하고 현대모비스에 대한 외부 평가는 그다지 높지 않다. 완성차인 현대·기아차를 지원하는 부품사로서 완성차보다 더 튀어서는 안 된다는 보수적인 경영진의 생각이 반영되어 홍보 활동이 적극적이지 않기 때문이다. 또한 고수익성의 A/S사업부로 인해 리스크를 지지 않고 편안하게 장사하려 한다는 평가도 있다. 후발주자로 뒤늦게 출발한 핵심부품사업의 경우, 아직까지 글로벌 1위 제품이 없어 기술력이 글로벌 경쟁사에 비해 크게 뒤진다는 평가도 있다.

글로벌 자동차시장을 선도하고 있는 독일과 일본의 완성차 뒤에는 압도적인 기술력을 갖춘 부품사가 있다. 독일에는 보쉬Bosch와 콘티넨탈Continental, ZF가 있고, 일본에는 덴소Denso, 아이신세이키Aisin Seiki, 니덱Nidec과 같은 제어, 조향, 전장 등 분야에서의 글로벌 과점 부품사들이 완성차의 기술을 선도하고 있다. 현대·기아차는 판매대수 기준으로는 글로벌 시장점유율 9%의 5위 회사이나, 한국 부품사의 기술경쟁력은 매우 뒤처져 있는 상황이다. 한 국가의 주력산업에 대한 경쟁력을 평가할 때 전 밸류 체인Value Chain의 경쟁력을 함께 평가하는데, 한국의 자동차산업이 항상 후발주자이고 미래차에 대한 준비가 약하다고 평가받는 이유는 부품사의 경쟁력이 열위에 있기 때문이다.

필자는 현대차에 16년간 근무하여 현대차그룹과 한국 자동차산업에 대한 애정이 깊다. 필자가 애널리스트로서 글로벌 자동차산업의 트렌드를 분석하면서 가장 안타까운 부분은 한국 부품사의 경쟁력이다. 현재 자동차산업은 IT산업과 결합되면서 기술 변화의 속도가 따라가기 어려울 정도로 빨라지고 있으며 소프트웨어의 경쟁력이 강조되고 있다. 현재 한국의 부품사 중에 충분한 R&D 투자와 설비 투자를 통해 글로벌 경쟁력을 갖추어 나갈 수 있는 업체는 현대모비스가 거의 유일하다고 할 수 있다. 그만큼 향후 한국 자동차산업의 경쟁력에 있어 현대모비스의 책임은 막중하다. 이것이 현대차그룹이 고수익성을 내는 A/S사업을 현대모비스에 이관한 이유일 것이다.

현대모비스는 더 이상 현대·기아차의 원가절감을 위해 부품을 만드는 회사가 아닌, 완성차의 기술을 선도하는 회사로 발전해가는 것을 목표로 하고 있는 만큼 진취적이고 긍정적인 인재를 바라고 있다. 현대모비스의 입사를 희망하는 지원자들은 현대모비스의 사업구조 변화와 그룹 내에서의 역할에 대해 익숙해질 필요가 있다. 또한 자동차부품사의 역할이 이전과 달라지고 있는 만큼, 기본적으로 자동차산업의 규모 및 트렌드 변화를 우선적으로 숙지할 필요가 있다. 전체적인 자동차산업의 패러다임 변화에 따라 현대모비스의 모습이 어떻게 변화되어야 하는지 고민해보는 것도 면접관에게 좋은 인상을 줄 수 있을 것이다. 또한 현대모비스는 현대차그룹에 속해 있으니 기본적으로 현대차그룹의 경영철학도 숙지할 필요가 있다.

한국의 제조업이 위기에 처해 있다는 경고가 곳곳에서 나오고 있다. 현대·기아차도 예외는 아니다. 본문에 기술한 바와 같이 완성차는 각 나라를 대표하는 소비재로 타국에서 과점의 점유율을 차지할 수 없다. 또한 무인차, 전기차, 공유차 등으로 대변되는 미래 자동차 경쟁은 미국 및 중국 업체가 자국 정부의 후원을 받아 주도하고 있어 현대·기아차는 글로벌 경쟁에서 매우 불리한 상황이다. 한국의 자동차산업이 치열한 글로벌 경쟁에서 살아남고 지속적으로 성장하는 방법은 부품사의 성장이 답이다. 많은 인재들이 현대모비스에 입사하여 한국 자동차산업의 발전에 기여하기를 기원한다.

목차

CHAPTER 01 산업: 자동차산업은 국가 경제의 대리전

멘토의 팁 » 모듈화 및 플랫폼 통합의 장단점 생각해보기
　　　　 » 자동차부품산업의 최신 동향 수시로 체크하기
　　　　 » 메이저 부품업체들의 특징 숙지하기

관련 자료 » 검색키워드, '린스타트업'

CHAPTER 02　시장: 새로운 도전자들로 바뀌는 시장의 흐름

01 글로벌 자동차시장의 판도 살펴보기

멘토의 팁 » 시장의 변화 인지하기
　　　　 » 자동차 판매 현황 파악해두기

03 현대차그룹의 사업구조

멘토의 팁 » 자신의 장점을 직무와 연결시키기
관련 자료 » 검색 키워드, '현대차 수직계열화'

한눈에 본다, 현대모비스

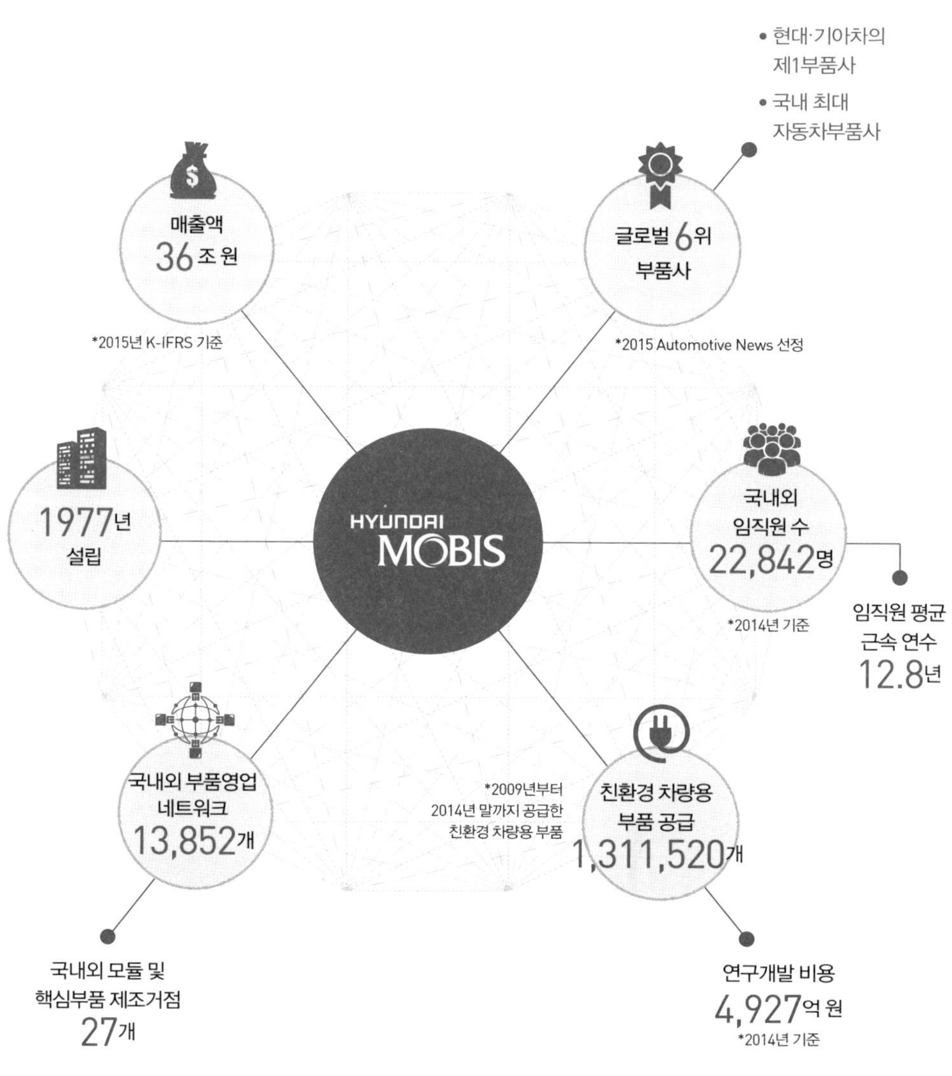

현대모비스를 설명하는 주요 키워드

매출액
36 조 원
*2015년 K-IFRS 기준
글로벌 6위 부품사
*2015 Automotive News 선정
현대·기아차의 제1부품사
국내 최대 자동차부품사
1977년 설립
HYUNDAI MOBIS
국내외 임직원 수
22,842명
*2014년 기준
임직원 평균 근속 연수
12.8년
국내외 부품영업 네트워크
13,852개
*2009년부터 2014년 말까지 공급한 친환경 차량용 부품
친환경 차량용 부품 공급
1,311,520개
국내외 모듈 및 핵심부품 제조거점
27개
연구개발 비용
4,927억 원
*2014년 기준

- **1977** 현대정공 설립
- **1987** 마북연구소 개소
- **1989** 기업 공개 상장
- **1991** 갤로퍼 생산
- **1995** 싼타모 생산
- **1999** 샤시모듈 첫 생산
- **2000** 현대·기아차 A/S부품사업 인수
  - 현대모비스로 사명 변경
- **2001** 카트로닉스 연구소 준공
- **2002** 중국 강소/중국 북경 모듈공장 준공
- **2003** 천안 MEB공장 준공
- **2004** 미국 앨라배마 모듈공장 준공
- **2005** 아산 물류센터 준공
- **2006** 슬로바키아/미국 오하이오 크라이슬러/
  인도 모듈공장 준공
- **2007** 카스코 합병 및 창원 제동공장 준공
- **2008** 품질연구소 설립 및 김천 램프공장 준공
  - 현대로템 하이브리드사업 인수
- **2009** 오토넷 합병
  - 크라이슬러 샤시모듈 추가 수주(20억 달러 규모)
- **2010** LG화학과 친환경 배터리 합작법인 설립
- **2011** 국내 최초 AVM 상용화
- **2012** 브라질 모듈공장/슬로바키아 제동장치공장 준공
- **2013** 수소전지차 핵심부품 세계 최초 양산
  - 3대 핵심모듈 누적 생산 1억 대 돌파
- **2014** 친환경차 '신개념 배터리 관리시스템' 국내 최초 개발
  - 중국 헤이룽장성 동계시험장 준공
  - 100억 달러 수출탑 수상
- **2015** 중국 하북/중국 충칭 모듈공장 착공
- **2016** CES(Consumer Electronic Show) 참가

국내 사업장(생산거점)

명칭(소재지)	주요 사업 내용
울산공장 ❶ (경남 울산광역시 염포동, 매암동)	샤시모듈과 칵핏모듈을 생산, 국내 최대 규모의 모듈법인
아산공장 ❷ (충남 아산시)	3대 핵심모듈을 모두 생산하는 최첨단 모 듈법인
광주공장 ❸ (전남 광주광역시)	칵핏모듈과 프런트엔드모듈 생산, RV 전 용 공장
이화공장 ❹ (경기도 화성시)	샤시모듈과 칵핏모듈 생산, 모듈화가 가 장 많이 적용된 첨단 공장
서산공장 ❺ (충남 서산시)	소형 차량용 모듈 전용 공장
안양공장 ❻ (경기도 안양시)	칵핏모듈과 프런트엔드모듈 생산
김천공장 ❼ (경북 김천시)	자동차용 헤드램프 및 에어백 생산
진천공장 ❽ (충북 진천군)	멀티미디어 제품과 전장 제품 생산, 국내 최고의 전자 전장공장
포승공장 ❾ (경기도 평택시)	MDPS(전동식 파워스티어링) 전용 공장
창원공장 ❿ (경남 창원시)	브레이크와 기어박스 전용 공장
천안공장 ⓫ (충남 천안시)	친환경 소재를 이용한 인판넬과 MEB(MOBIS Electronic Brake) 생산
충주공장 ⓬ (충북 충주시)	친환경차량용 구동모터와 구동 전장품, 배터리통합모듈 생산

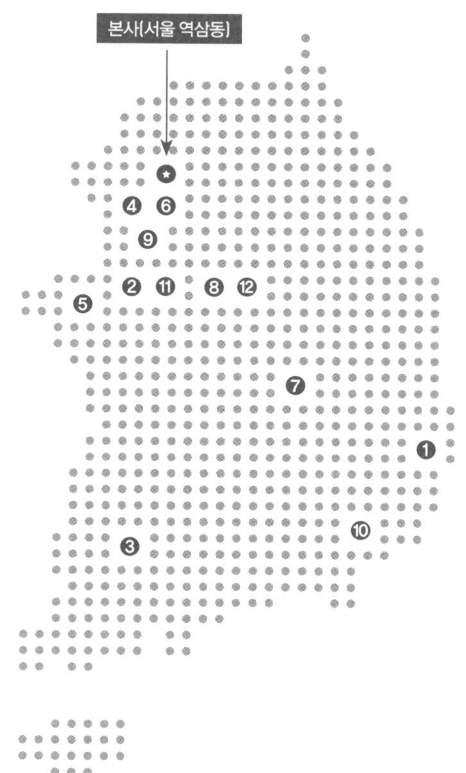

연구소

국내	마북 기술연구소(경기도 용인시)
	의왕 기술연구소(경기도 의왕시)
해외	독일 프랑크푸르트 연구소
	미국 디트로이트 연구소
	인도 하이데라바드 연구소
	중국 상해 연구소

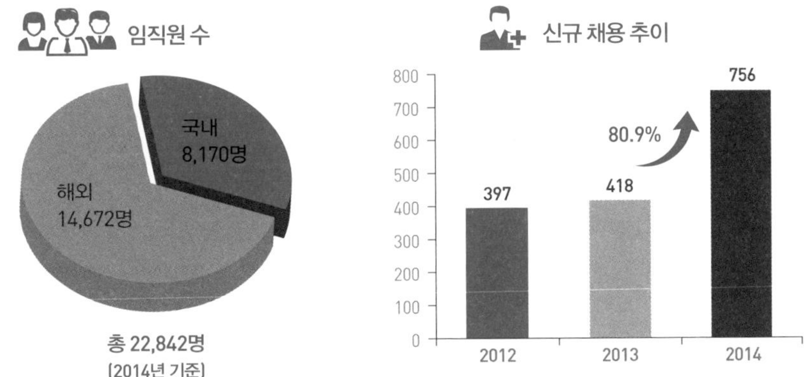

채용 홈페이지 즐겨찾기는 필수!

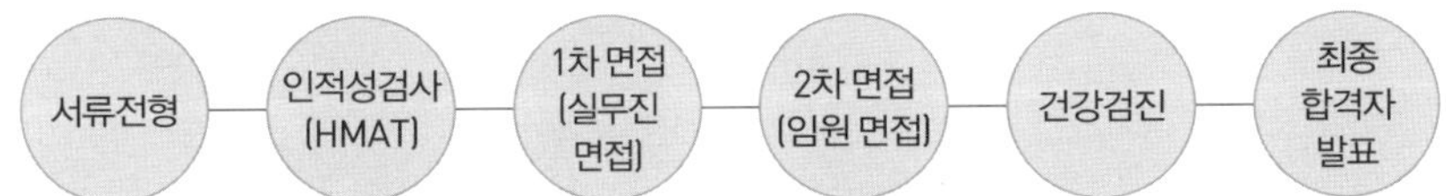

신입사원 채용은 매년 상반기 3~4월과 하반기 9~10월경에 진행된다. 입사지원서 제출은 자체적으로 운영하고 있는 채용 홈페이지(https://recruit.mobis.co.kr)를 통한 온라인 접수로만 받고 있다. 신입과 경력 모두 채용에 나이 제한이 없으며, 서류지원 시에는 현대차그룹 내 다른 계열사와 중복으로 지원할 수 있으나 인적성검사(HMAT) 시에는 하나의 회사를 선택하여 수검해야 한다는 것을 유념하자.

현대모비스를 미리 경험할 수 있는 '인턴십 제도'에 도전하자!
방학기간을 이용해 귀중한 경험을 쌓을 수 있는 인턴십 제도에 도전해보자. 매년 상반기 4~5월과 하반기 10~11월경에 인턴 모집공고를 진행하고 있는데, 이공계를 전공한 6~7학기 수료자가 지원대상이다. 4주간의 인턴십 프로그램이 끝나면 수행 결과에 따라 현업팀 평가 등 내부 심사를 거쳐 졸업과 동시에 입사로 연결되는 기회가 주어진다.

회사가 나아갈 방향은 무엇인지, 나는 맞춤형 인재인지… 끊임없이 탐색하고 꼼꼼히 준비해야
현대모비스는 최근 연구개발 분야에 대한 비중을 높이고 있는데, 그에 따라 신입사원의 비중 또한 전기전자, 컴퓨터공학 출신이 많아지고 있는 추세다. 이는 최근 자동차산업이 IT산업과 빠르게 융합되면서 소프트웨어 개발 전문인력의 필요성이 높아지고 있기 때문이다. 자기소개서를 쓸 때는 내가 가고자 하는 회사의 장기적인 비전과 그에 따른 최근 동향 등을 수시로 찾아봐야 하는데, 그래야만 현재 회사가 바라는 인재상에 맞추어 나의 역량을 충분히 설득력 있게 보여줄 수 있기 때문이다. 또한 현대모비스는 단순 스펙보다는 직무 역량을 우선으로 보고, 토익 등 공인 어학시험 점수보다는 실질적인 영어회화능력을 더욱 중요시하므로 그에 알맞은 맞춤 인재가 되도록 꼼꼼히 준비하자.

HYUNDAI
MOBIS

산업:
자동차산업은 국가 경제의 대리전

자동차산업은 고용 효과와 산업적 부가가치 창출 효과가 큰 산업으로 '국가 경제의 대리전'이라고도 부릅니다. 자동차는 2만 개가 넘는 부품으로 구성되는데, 자동차부품산업은 자동차시장의 성장과 함께 진화를 거듭했습니다. 특히 연비와 안전 등 자동차의 경쟁력을 좌우하는 요소들이 부품에 따라 달라져 자동차부품산업에 대한 위상이 점점 높아지고 있죠. 자동차산업에 대한 이해를 바탕으로 자동차부품산업의 특징을 연결지어 본다면 현대모비스에 대해 더욱 체계적으로 알 수 있을 겁니다.

01

한국 자동차산업의 물꼬를 튼 부품산업

한국 자동차부품산업의 발전 과정

자동차산업은 대규모 장치산업이면서 전후방 산업의 가치 창출 효과가 큰 산업이다. 때문에 일정 규모의 수요가 뒷받침되지 않으면 지속가능한 성장이 어렵다는 특징이 있다. 이에 따라 한 나라의 자동차산업은 그 나라의 모터리제이션(Motorization, 자동차가 널리 보급되어 생활 필수품화 되는 현상)과 성장의 궤를 같이한다.

한국에 자동차가 처음 소개된 것은 1903년의 일제강점기이나 한국의 자동차산업이 태동한 것은 광복 이후다. 서울에 소재한 자동차 관련 공업사들이 모여 1945년 12월에 조선자동차공업조합을 설립하고, 부품 판매상들이 조선자동차부품위원회를 설립한 것이 자동차산업의 시작이라고 할 수 있다.

그 후 1950년에 한국전쟁이 발발하면서 자동차산업은 다시 원점으로 돌아갔다. 1960~1970년대에 들어서면서부터 정부 주도의 경제개발 계획 아래 일부 업체에만 생산 권한이 주어지는 등 자동차산업이 육성되었으나 모터리제이션이 시작된 1987년까지는 영세한 수준이었다.

한국의 자동차 대중화는 대략 1987년을 전후로 시작되었다. 당시에는 1986~1988년의 낮은 국제유가, 미국 달러화의 약세(엔화 및 마르크화 강세), 낮은 국제금리 등 3저低 호황에 힘입어 사상 최초로 무역 흑자를 달성하였고, 경제 규모와 국민소득이 빠르게 증가해 자동차에 대한 수요가 증가하였다. 1986년에 인구 1,000명당 16.1대이던 자동차 보급률이 1987년에는 20대를 넘어섰고, 1996년에는 151대로 늘어나며

국내의 자동차 수요 및 성장률

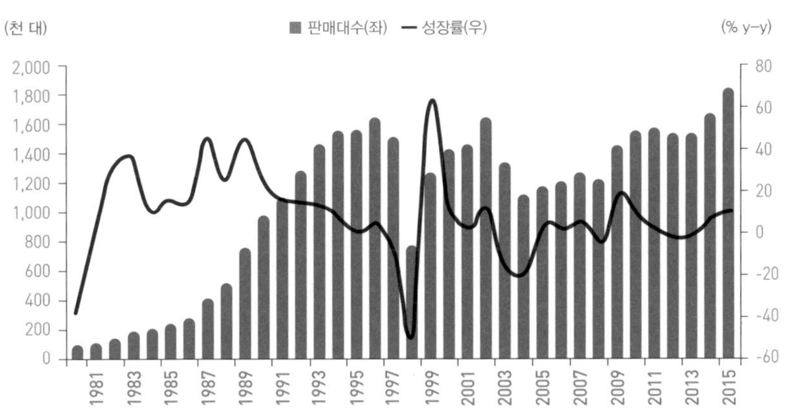

자료: KAMA

매해 10% 이상의 수요 성장세를 기록하였다.

1986년 7월 공업발전법 제정과 함께 취해졌던 합리화업종(원칙적으로 업자 간의 공동행위를 금지하고 있으나 경쟁력이 극도로 취약해진 산업에서는 예외적으로 공동행위를 인정하는 것) 지정이 1989년 7월에 해제되었다. 이후 기존 업체의 생산능력이 확대되고 신규 업체도 진출하기 시작하면서 조금씩 자동차산업이 커져갔다.

공업발전법은 국내의 경제 규모가 커지고 세계경제의 분위기가 자유무역을 확대하는 쪽으로 변화하는 데 대비한 것으로, 수입 자유화 이전에 산업 경쟁력을 최대한 끌어올려 시장 개방에 따른 피해를 최소화하면서 동시에 수출을 증대하기 위해 제정된 것이었다.

공업발전법 제정 및 합리화업종 해제를 계기로 1989년에 현대모비스의 전신인 '현대정공'이 4륜구동 자동차인 갤로퍼를 생산하는 데 참여했다. 대우자동차도 경차를 생산하는 데 잇달아 참여하였다. 1994년에는 삼성자동차가 승용차 부문 사업에 신규 진출하였다. 이와 함께 기존 업체들의 생산 차종 확대로도 이어졌다. 아시아자동차가 지프형 자동차 생산에 참여하였고, 쌍용자동차가 독일 벤츠^{Benz}와의 기술 제휴로 미니버스를 생산한 데 이어 기존 자동차 라인을 지프형에서 승용차 전체로 범위를 확대하였다.

정부는 자동차의 미국시장 진출 및 국내 대중화 확대에 따라 2000년까지 세계 5위권 자동차 생산국가로 진입하는 것을 목표로 삼고 1995년에 '자동차산업육성시책'을 추진하였다. 이와 동시에 2000년까지 자동차부품 생산 25조 원, 수출 30억 달러를 목표로 하는 자동차부품산업발전전략을 발표하였다. 그리고 부품 공급기반을 확충하기 위해서는 2000년까지 총 18조 원의 재원이 필요하다는 판단하에 당시 5% 수준인 부품업체의 기업공개 비율을 40%로 확대해 설비자금 및 기술개발 자금을 조달하도록 하였다. 완성차업체의 부품업체에 대한 지급보증도 확대하도록 하였다. 또한 완성차업체의 인근 지역에 180만 평의 계열별 부품단지를 조성하여 생산능력 확대를 유도하였다.

이와 함께 2000년까지 7만 3,000명 정도의 기술·기능 인력이 추가로 필요할 것으로 전망하여 총 300억 원을 들여 자동차 부품기술훈련소를 설립했다. 그리고 대학 내 자동차공학과를 4개에서 6개로, 전문대학 자동차학과는 15개에서 30개로 확대했으며, 공고의 자동차학과 정원을 3,000명에서 1.5만 명으로 확대하기로 했다.

외환위기 이후 부품업체들 간에도 구조조정 일어나

그러나 이러한 자동차산업육성시책 및 자동차부품산업발전전략은 1990년 중반 이후의 경기침체, 1998년 IMF체제 돌입으로 업체 전반의 구조조정을 거치면서 많은 변화가 불가피해졌다. 1997년에 부도에 직면한 기아차는 구조조정에 따라 1999년 현대차로 인수합병되었으며, 2000년에는 삼성차가 프랑스의 르노Renault사에, 2002년에는 대우차가 GM에 매각되었다.

부품사도 구조조정 시기를 거치면서 완성차의 수직계열화 구조가 강

완성차업체별 자동차부품 협력업체 수

구분	현대차	기아차	GM대우	쌍용차	르노삼성	전체 부품업체
1997	371	263	199	326		1,339
2003	355		273	243	125	878

화되었고 동시에 많은 국내 부품업체들이 외국 업체에 인수되었다. 1997년 국내의 1차 부품업체 수는 1,339개에 달했으나 구조조정의 영향으로 중소 부품업체들이 경쟁에서 탈락하면서 2003년에는 878개로 줄어들었다. 도태된 부품업체는 대부분 2차 이하의 하청업체로 재편되면서 공급체제에서 중층적 구조가 확대되었다. 현대차와 기아차도 각각 371개와 263개의 부품업체가 있었으나 현대차가 기아차를 인수하면서 2005년에 1차 협력업체가 350개로 재편되었다.

1990년대 말 대표적인 부품업체는 만도, 한국델파이, 성우, 한라공조, 덕양산업 등이었는데 대부분이 미국의 델파이Delphi, 비스테온Visteon, TRW와 독일의 보쉬, 프랑스의 발레오Valeo 등 외국의 자동차 부품업체로 인수되었다. 이를 비롯해 IMF체제 이후 71개의 부품사가 외국 부품업체에 인수되었고 위국인 지분율이 50% 이상인 부품업체 수도 88개에 달하게 되었다. 이는 외환위기를 계기로 외국의 부품업체들이 합작 위주에서 인수합병을 통한 직접투자로 방향을 전환하면서 이루어진 결과이다. 외국 부품업체들이 인수한 사업은 대부분 전자제어장치, 전장부품, 에어백 등 핵심부품에 해당하는 품목들이었다.

이처럼 외국 업체의 인수가 활발했던 것은 국내 자동차시장의 환경 규모나 경쟁력, 전망 등이 1980년대 말 이후 모터리제이션을 거치면서 크게 성장하였고, 외환위기로 인해 투자 여건이 외국 업체들에 유리하게 전개되었기 때문이다.

국내의 부품업체들은 구조조정 및 외국 업체에 인수되면서 대형화되었다. 2000년대 이후에는 현대·기아차의 해외시장 진출 및 글로벌

Fig 03

국가별 자동차부품 합작투자 현황(2003년 말 기준)

구분	일본	미국	독일	네덜란드	프랑스	영국	기타	합계
업체 수	104	54	27	9	7	7	19	227
투자액 (백만 달러)	440	759	474	245	260	55	133	2366

Fig 04

해외 업체의 국내 주요 부품업체 인수 사례

인수 업체	국명	국내 피인수 업체(지분율, %)
델파이(Delphi)	미국	한국델파이(50), 성우(100), KSD(50), 대성전기(57)
비스테온(Visteon)	미국	한라비스테온공조(70), 덕양산업(51), 유진산업(51)
TRW	미국	한국TRW(100), TRW스티어링(71)
보쉬(Bosch)	독일	한국로버트보쉬기전(100), 두원정공(20), 케피코(25), 캄코(100)
발레오(Valeo)	프랑스	평화발레오(50), 발레오만도(100)
선세이지(SUN Sage)	네덜란드	만도(85)
타워(Tower)	네덜란드	서진산업(82)
UBS캐피탈(UBS Capital)	네덜란드	만도공조(99)
덴소(Denso)	일본	덴소풍성전자(51), 덴소풍성(35)
NOK	일본	평화산업(16), 평화오일씰(50)

판매 성장에 힘입어 현대·기아차 계열의 부품사를 중심으로 빠르게 성장하였다. 2000년 이후 부품사의 매출 성장세는 CAGR 9.0%로, 2000년 22.9조 원에서 2014년에는 76.7조 원을 기록하였다. 수출도 2000년 18억 달러에서 2014년 266억 달러로 CAGR 21% 성장하였다. 국내 완성차에 대한 납품 비중이 여전히 높지만 금융위기 이후 품질 대비 가격경쟁력을 인정받아 해외 완성차와의 계약도 빠르게 증가하고 있다.

국내 주요 자동차부품의 경쟁력을 살펴보면, 생산기술 및 품질경쟁력 측면에서는 유럽이나 일본 업체와의 격차가 크게 축소되었다. 그러나 상대적으로 매출액 규모가 적고, 재무구조의 열위로 인해 매출액 대비 연구개발비 비중은 2% 미만으로 매우 낮다. 이에 따라 핵심기술 경쟁력에서는 큰 격차가 존재한다. 한국의 대형 부품사인 현대모비스, 만

한국 자동차부품 매출액 추이

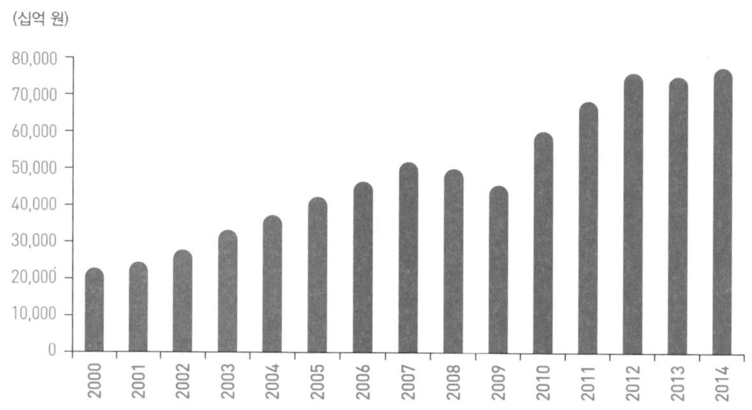

자료: 한국자동차산업협동조합

도, 한온시스템(구舊 한라비스테온공조)의 경우 매출액 대비 R&D 비용이 3~4% 수준이나 독일 및 일본의 대표 부품사는 매출액 대비 6~9%의 R&D 비용을 지출하고 있다.

글로벌 완성차들의 경우 부품업체로부터 모듈 및 시스템 형태의 부품을 납품받고 있어 완성차의 경쟁력이 자국 부품사의 경쟁력과 별개라고 볼 수 없다. 글로벌 100위 부품사의 매출 기준으로 볼 때 한국 부품사의 시장점유율(M/S)은 6%로 완성차의 글로벌 시장점유율보다 낮다. 상위 완성차업체와 자국 부품사의 시장점유율을 비교해보면 유일하게 한국만 부품사의 시장점유율이 낮다. 이는 한국의 완성차업체가 여전히 핵심부품을 해외 부품사에 의존하고 있으며, 친환경차·무인차로 대변되는 미래차시장의 경쟁에서 불리하다는 것을 의미한다.

관련 자료 찾아보기 ❶
검색 키워드, '국내 자동차부품산업의 역사'

자동차부품회사의 지원자로서 국내 자동차부품산업의 연혁에 대해 잘 살펴보기 바랍니다. 이와 더불어 '자동차산업의 환경변화', '미래형 자동차', '카셰어링 시장 동향에 따른 자동차업체의 대응 전략', '친환경차와 저가차 확대의 자동차업계 영향' 등을 검색어로 해서 다양한 보고서를 읽어보기 바랍니다. 유사한 내용이 나오더라도 반복해서 읽다 보면 자동차부품산업이 어떠한 메커니즘으로 돌아가는지, 그리고 주요 이슈들에 대한 완성차 및 부품회사의 접근 시각은 무엇인지를 이해하기가 한결 수월할 겁니다.

02

완성차산업에 대한
이해

자동차산업의 수요

자동차부품산업에 대해 알아보기 전에 먼저 그 전방 산업인 완성차의 수요 현황을 한번 살펴보자.

자동차는 소비자가 구입하여 장기간에 걸쳐 사용하는 내구소비재 제품으로, 소비재 가운데서도 제품단가가 높은 편에 속한다. 그로 인해 수요 성장률은 글로벌 경제 성장률 수준과 유사한 2~3% 내외이다.

2015년 글로벌 자동차산업의 수요는 8,600만 대로 전년 대비 3% 수준의 성장이 예상된다. 매년 2~3%의 성장률을 감안한다면 2020년에는 1억 대 수준에 도달할 것으로 보인다. 자동차 가격을 평균 2만 달러로 가정할 때, 자동차산업은 연간 1,800조 원 시장으로 절대금액상의 규모로 보면 소비재 중에 가장 큰 산업이다. 수요가 3% 성장한다면 연간 50

조 원 규모로 성장함을 의미한다.

　2000년대에 들어 글로벌 자동차산업 수요의 특징은 신흥시장의 모터리제이션으로 수요 성장률이 좀 더 높아졌다는 점이다. 특히 중국 시장이 폭발적인 성장세를 보이면서 신흥시장의 수요 규모가 선진시장의 수요를 넘어서고 있다. 이러한 점을 감안할 때 향후 글로벌 자동차 수요의 중심은 신흥시장에 있다고 할 수 있다. 다만, 2014년 하반기부터 원자재 가격의 급락으로 원자재 수출에 경제 의존도가 높은 러시아, 브라질 등 신흥시장의 수요가 급락하면서 자동차 수요 성장의 중심이 단기적으로는 선진시장으로 넘어간 상황이다.

Fig 06

전 세계 자동차 수요 전망

(단위: 천 대)

구분	2013	2014	2015	성장률(%)	
				2013~2014	2014~2015
한국	1,530	1,650	1,823	7.8	10.5
미국	15,591	16,524	17,468	6.0	5.7
유럽	13,750	14,580	15,080	6.0	3.4
중국	17,370	19,229	20,818	10.7	8.3
일본	5,376	5,563	5,047	3.5	-9.3
인도	2,462	2,540	2,758	3.2	8.6
브라질	3,580	3,332	2,480	-6.9	-25.6
러시아	2,777	2,491	1,601	-10.3	-35.7
아세안	3,300	2,980	2,780	-9.7	-6.7
기타	15,325	15,571	16,151	1.6	3.7
전 세계	81,060	84,460	86,006	4.2	1.8

참고: 중대형/상용차 제외

자료: KARI

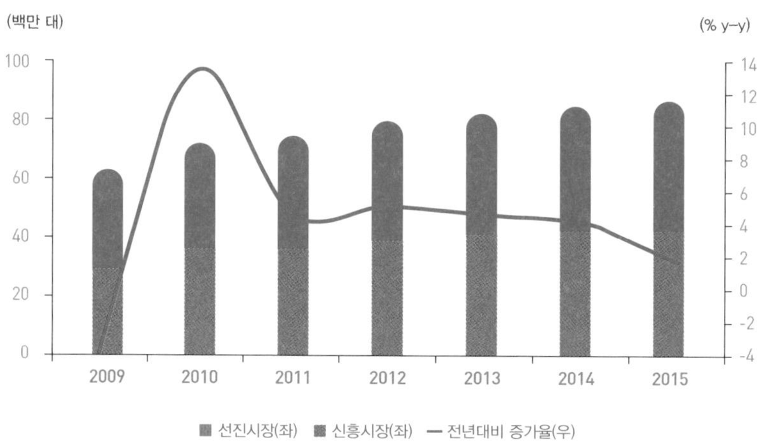

자국 1위도 세계시장에서는 독점 불가능한 구조

자동차산업은 '국가 경제의 대리전'이라고 할 만큼 각국 정부에서 적극 부양하고 있는 산업이다. 그만큼 자동차산업이 전후방에 걸쳐 고용 및 산업적 부가가치 창출 효과가 큰 산업이기 때문이다.

한국에서는 자동차 관련 고용인원이 전체 제조업 고용인원의 10% 정도를 차지하고 있으며 수출에서는 2014년 기준으로 약 8.5%를 차지하고 있다. 현대·기아차의 1차 협력사 수는 약 350개사이며 2·3차 협력사까지 감안하면 약 1만 개의 부품사가 현대·기아차와 협력관계를 맺고 있다.

이렇게 전후방의 파급 효과가 막대한 사업이기 때문에 자본주의가 가장 발달한 미국에서도 노조 이슈, 경쟁력이 낮은 라인업 등으로 금융위기 직후 파산위기에 몰렸던 GM을 회생시키기 위해 정부가 나서서 495억 달러의 막대한 자금을 투입한 바 있다.

이처럼 자동차산업은 각국 정부의 지원을 받고 있어서 각국의 1위 업체가 자국시장에서는 과점의 시장점유율을 차지할 수 있어도 해외시장에서는 과점의 점유율을 차지하기가 어렵다. 또한 자동차는 100년 이상 존재한 산업으로, 각 시장의 자연환경, 소비자의 생활패턴 및 기호에 맞추어 발달했기 때문에 각 나라의 문화가 반영되어 있다는 특징이 있다. 일례로 한국 및 중국의 소비자들은 독일 업체의 높은 기술력

미국시장 내 도요타 및 폭스바겐 시장점유율 추이

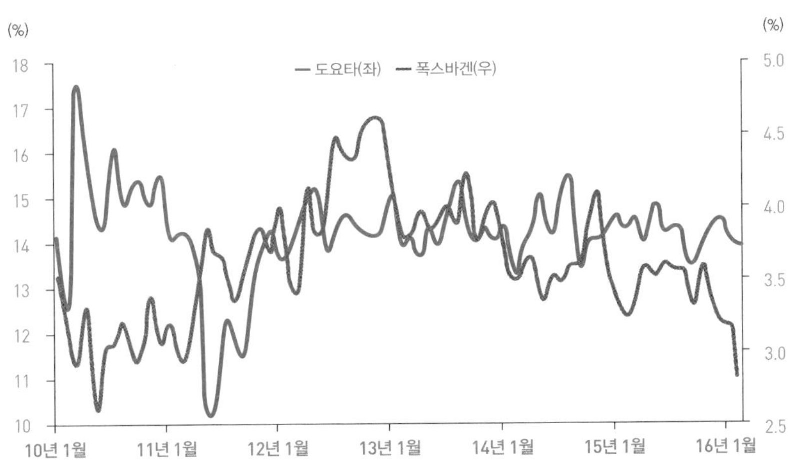

자료: 오토모티브 뉴스

에 열광하지만, 미국의 소비자들은 일본 업체의 높은 품질과 편안한 승차감에 더 높은 점수를 준다.

미국시장에서 수요의 15~18%를 차지하고 있는 픽업 차급은 글로벌 메이커들이 도전하였지만 대부분 실패로 끝났고 GM, 포드Ford, 크라이슬러Chrysler 등 미국의 빅3 메이커가 70% 이상의 점유율을 차지하고 있다. 그 결과, 글로벌 시장에서 1위 메이커인 도요타Toyota도 미국에서는 과점 메이커가 되지 못했다. 도요타의 2014년 판매대수는 1,023만 대로 시장점유율 12.2%를 기록하였다. 글로벌 2위 업체인 폭스바겐Volkswagen과 도요타의 판매대수 격차는 9만 대에 불과하다. 이처럼 글로벌 1위 업체도 과점적 지위를 가지지 못하고 가격결정권을 가지지 못해 자동차시장은 완전경쟁시장이라고 할 수 있다.

03

부품사와 완성차의
관계

플랫폼 통합으로 효율을 높이고 낭비는 없애

자동차는 개별 부품 2만 개 이상의 결합체이다. 1990년대 이전에는 완성차업체가 부품사로부터 개별 부품을 납품받아 차량을 조립하였다. 이 시기에는 품질관리, 비용 측면에서 여러 가지 문제점이 발생하였고 이 점은 신규 사업자의 진입장벽으로 작용하기도 했다. 2만 개가 넘는 부품의 용도와 기능을 알고 품질을 관리하는 것이 완성차의 고유 권한이 된 것이다. 이는 오랜 경험의 축적 없이는 불가능했다. 완성차의 오랜 경험은 곧 소비자의 신뢰와 브랜드로 인정되었다.

반면, 개별 부품사들은 전체적인 관점에서 차의 구조를 이해하기 어려웠고, 완성차의 지시에 따라 생산·납품했기 때문에 단가 협상에 대한 헤게모니도 완성차에 있었다. 다만 이러한 생산구조에서 완성차가 원가를 낮추기 위해 할 수 있는 방법은 대량생산을 통한 규모의 경제 확대였다.

이러한 대량생산체제 구축은 1990년대에 과잉생산 부작용으로 나타났고 치열한 가격경쟁 및 완성차의 수익성 악화로 이어졌다. 원가를 낮추기 위해 대량생산보다 더 효율적인 생산구조가 필요해졌다. 이에 따라 1990년대에 플랫폼 통합을 통한 부품 공용화와 모듈화 및 시스템화를 통한 부품사로의 제조 부분의 아웃소싱이 도입되었다.

자동차산업은 서플라이 체인Supply Chain이 가장 긴 제조업으로 생산구조상 인건비경쟁력이 원가경쟁력을 결정짓는다. 완성차 원가의 가장 큰 비중인 재료비는 원재료와 3차 협력업체부터 누적된 인건비의 조합이기 때문이다. 자동차 원가를 밸류 체인 하단부터 재구성하면 인

글로벌 완성차업체의 플랫폼 통합 추진 현황

구분	플랫폼 수		플랫폼당 모델 수		플랫폼당 판매대수 (천 대)		모델 수	
	2011	2018E	2011	2018E	2011	2018E	2011	2018E
GM	27	17	2.9	4.5	298	552	78	77
도요타	20	17	4.4	5.6	384	628	88	95
르노·닛산	11	13	7.7	8.5	707	767	85	111
폭스바겐	13	8	5	9.8	659	1,411	65	78
포드	19	9	1.7	4.1	286	789	32	37
현대·기아	12	6	3	7.7	621	1,425	36	46
혼다	5	5	5	7.2	586	1,052	25	36

자료: IHS—Global Insight

현대차의 국내공장 원가 재구성(2013년)

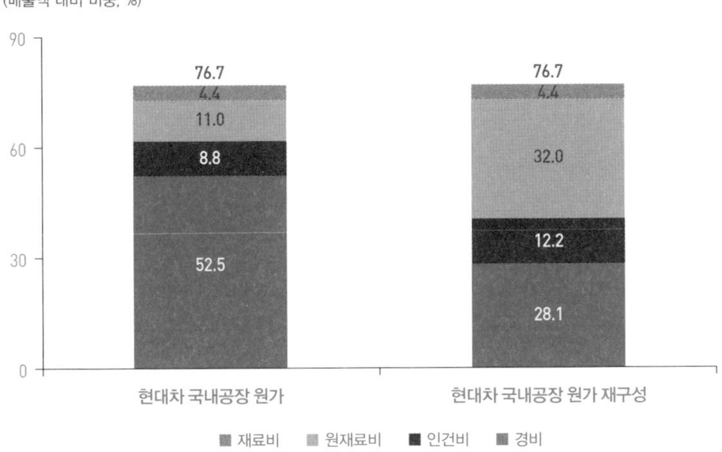

참고: 브레이크, 조향 서플라이 체인 원가로 추정
자료: 현대차, 만도, 상신브레이크

건비 비중이 매출액 대비 30% 이상으로 원가에서 가장 큰 부분을 차지한다. 결국 밸류 체인의 가장 상단인 완성차업체가 제조 부문을 많이 담당할수록 원가경쟁력은 낮아지게 된다. 완성차업체들은 원가경쟁력 향상을 위해 인건비가 낮은 부품사를 통해 모듈 단위, 시스템 단위로 부품을 납품받기 시작했다.

현대차의 원가경쟁력을 높이기 위해서는 우선 현대모비스의 부품 공급 능력이 전제되어야 할 것입니다. 하지만 현대모비스 역시 혼자 모든 부품을 생산할 수 없기 때문에 고도화된 아웃소싱 전략을 구사하고 있다고 봐도 무방합니다. 즉 원가경쟁력을 위해서는 핵심만 남겨두고 나머지는 모두 아웃소싱으로 해결하는 것이 바로 현대모비스의 경영 전략이라는 의미입니다. 이런 콘셉트를 가장 잘 반영하고 있는 곳이 바로 실리콘밸리의 스타트업 기업들일 겁니다. '린스타트업 Lean Startup'을 키워드로 해서 비용의 절감과 생산 프로세스의 최적화를 달성하기 위해서 어떤 구조로 사업을 운영하고 있는지 잘 탐색해보기 바랍니다. 자소서나 면접에서 '린스타트업'이란 단어를 적절하게 사용하면서 자신의 역량을 설명한다면, 면접관은 지원자가 입사를 위해 많은 고민을 했다는 생각을 갖게 될 것입니다.

모듈화 및 플랫폼 전략에 따른 관계 변화

글로벌 완성차 메이커들은 원가절감을 위해 기본적으로 부품의 시스템화와 모듈화, 플랫폼 통합을 채택하고 있다. 모듈화는 차량의 조립 공정에서 개별 부품들을 하나씩 차체에 장착하지 않고, 몇 개의 부품들을 먼저 조립한 뒤, 이렇게 조립된 단위를 차체에 조립하는 제조 방식을 의미한다. 더 발전된 개념은 부품 및 기능의 통합을 고려하여 최적화된 부품 조립 단위로 개발, 조립, 물류, 품질보증의 전 단계를 수행하는 제조 방식이다. 흔히 모듈은 시스템과 구별하여 사용하는데 시스템은 하나의 덩어리는 아니지만 기능적으로 연결된 구성요소들의 집합체를 의미하는 반면, 모듈은 대개 물리적·기능적으로 연결된 집합체를 말한다. 모듈화는 부품의 기능별, 관련 부품별로 완성차에 납품하는 단위를 이전보다 크게 하거나 메인 라인에서 행하는 일부 작업을 서브조립 형태로 서브라인에서 아웃소싱의 형태로 작업하던 것에서 시작되었다. 모듈의 구분은 메이커별로 다르지만 통상 칵핏모듈Cockpit Module, 프론트엔드모듈(FEM: Front End Module), 리어엔드모듈Rear End Module, 시트모듈Seat Module, 샤시모듈Chassis Module, 헤드라이너Headliner, 도어모듈Door Module 등 7~8개 단위로 구분된다.

플랫폼 통합은 파워트레인을 포함한 차량 하단부인 스티어링, 서스

자동차 모듈의 종류

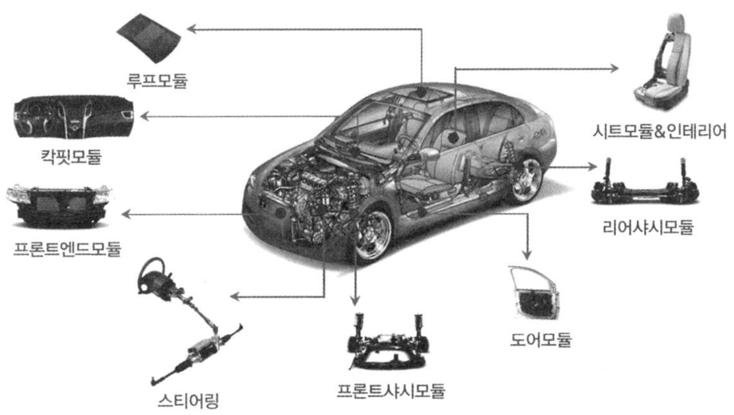

펜션, 브레이크 등 샤시계 부품을 다른 모델과 공용하는 것이다. 그런데 차량의 운동감 및 기본 성능을 좌우하는 플랫폼을 공유하면서 제품의 개성이 상실되고 제품 간 카니발리제이션(Cannibalization, 신제품이 기존의 주력제품의 시장을 잠식하는 현상)이 발생하자 '모듈화 플랫폼'이라는 개념이 도입되었다.

모듈화 플랫폼은 샤시 관련 부품을 몇 개의 모듈로 구분하여 브랜드나 차량의 특성에 맞게 조합하는 것이다. 기존 플랫폼 외에 파생 플랫폼이 생성되지만 모델별 특성을 유지할 수 있다는 장점이 있다. 또한, 모듈 부문 확대로 추가 원가절감이 가능해져 현재 모듈 비중은 차량 원가의 30~40%를 차지하고 있다. 모듈화 및 플랫폼 통합은 개발비 30% 이상 절감, 차량개발기간 단축 등 원가절감의 효과가 크다. 부품 업체가 품질을 검수하여 조립한 후 완성차에서 또 한 번의 검사 단계를 거치기 때문에 품질 향상에도 기여한다.

모듈화 플랫폼을 가장 적극적으로 추진하고 있는 폭스바겐은 모듈 부문을 차량 원가의 60%까지 확대 적용하고 있으며 궁극적으로는 차량의 외관 디자인을 제외하고는 모든 부품을 데이터베이스화시켜 레고 타입의 차량 개발을 지향하고 있다. 폭스바겐은 이를 MQB(Modularer Querbaukasten, 영어로는 Modular Transverse Matrix, 가로 배치 엔진전용 모듈 매트릭스) 플랫폼으로 부르고 있다. 도요타도 샤시 부분의 통합을 넘어 부품사와 협업하여 새로운 플랫폼을 개발하고 있다. 도요타의 플랫폼에 기반을 둔 모델은 2015년 하반기에 프리우스를 시작으로 매해 2~3개의 모델이 출시 예정되어 있다. 현대·기아차는 금융위기 이후 플랫폼 통합을 통해 크게 원가절감을 이루었으며 이것을 기반으로 2009년 18개에서 2014년에는 40개의 모델을 생산하고 있다.

현재 차량 원가의 30~40% 수준인 모듈의 부가가치는 기계적인 부품에 센서, ECU(Electronic Control Unit) 등 전장기술이 결합되면서 급속히 증가하고 있다. 이제 자동차는 개별 부품의 성능보다 부품의 시스템적인 통합에 따라 상품성이 결정되고 있다. 전장부품의 비중은 현재 차급에 따라 15~30%를 차지하고 있으며 2030년에는 40~45%까지 확대될 것으로 예상된다. 자동차의 전장화는 연비 향상 및 안전 제어의 기본 목적에서 정보통신 분야로 범위가 확대되면서 자동차 수요 증가율을 넘어서는 성장세를 보이고 있다.

차량 내 모듈 비중의 확대로 모듈을 담당하는 부품업체들의 제조 부

Fig 12

기존 플랫폼 및 모듈화 플랫폼 비교

구분	기존 플랫폼	모듈화 플랫폼
의미	- 파워트레인, 스티어링, 서스펜션, 브레이크 등 차량의 하부를 구성하는 샤시계 부품을 다른 모델과 공용 - 동일 플랫폼 사용으로 '규모의 경제' 추구	- 기존의 플랫폼 구성 요소 중 차량의 성능을 결정짓는 샤시 관련 부품을 몇 개의 모듈로 구분하여 브랜드나 차량의 특성에 맞게 조합한 플랫폼 - 모듈 부문 확대로 모듈업체의 역할 증대 - 플랫폼 유연화 및 모듈 부문 확대로 '범위의 경제' 추구
장점	- 신차 개발 시 가장 많은 기간과 투자비가 소요되는 차대공유로 개발기간 및 원가절감	- 메이커 요구에 맞게 브랜드 및 모델별로 운동 특성 차별화 - 브랜드 정체성 확립에 유리
단점	- 차량의 기본 성능을 결정짓는 플랫폼 공유로 공용 플랫폼을 적용한 모델 간 제품 차별화 어려움	- 기본 플랫폼 외에 모듈 구성에 따라 파생 플랫폼 생성으로 개발비 및 개발기간이 기존 플랫폼 대비 불리

자료: KARI

모듈화 플랫폼 전략 발전 추이

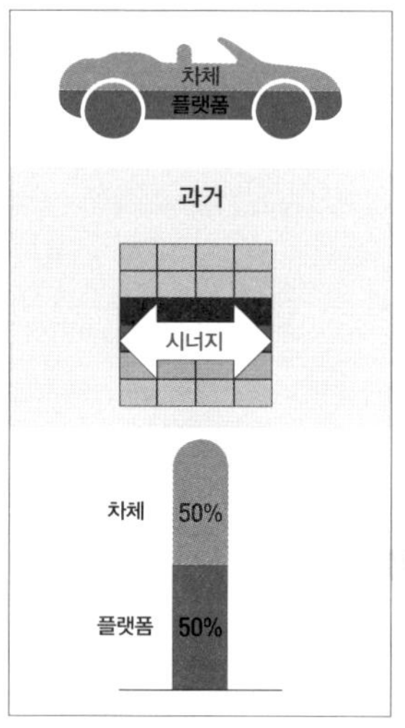

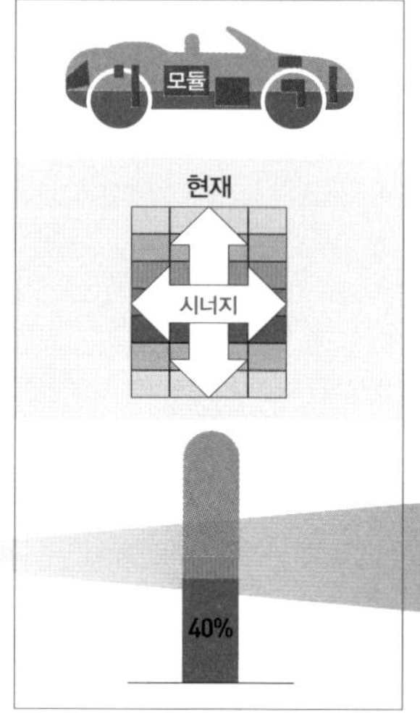

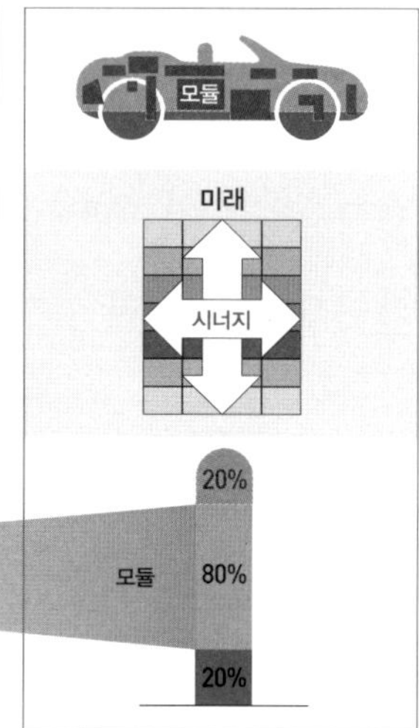

문의 역할과 부가가치도 확대되고 있다. 그리고 완성차 메이커들은 전체 시스템의 통합, 친환경 기술 등 R&D 투자와 디자인, 마케팅 등 브랜드 향상에 초점을 맞추고 있다.

또한, 완성차업체와 부품업체 간의 관계도 폐쇄형에서 개방형으로 변화되고 있다. 기존에 완성차가 부품업체를 선정했던 폐쇄형의 '1사 발주 방식'에서 부품업체의 개발 능력을 중시하는 '개발경쟁 방식'으로 변화한 것이다. 이 방식은 개발경쟁을 통해 성과에 따라 선정하는 것으로 기존에 비용절감이 부품업체 선정의 주요 원인이었던 것과는 차이가 있다.

완성차업체와 부품업체 간의 거래 방식은 완성차업체가 개발 사양을 제시하고 모듈업체 및 부품업체가 개발을 담당하는 승인도면 방식이 대부분을 차지하고 있다. 모듈업체가 개발 권한을 가지게 되면 부품의 설계와 부가가치에 따라서 직접 생산 또는 2차 부품업체에 대한 소싱, 물류 및 A/S부품 납품권을 확보하면서 수익성 향상을 추구할 수 있다. 미국 및 유럽 완성차 메이커들은 원가절감을 목적으로 하여 인건비가 낮은 모듈업체에 권한 이양이 큰 반면, 일본 업체들은 기술의 블랙박스를 방지하고 완성차업체와 부품업체 간 인건비 차이가 크지 않은 요인으로 모듈의 내재화 경향이 있다.

한편, 유럽 럭셔리 메이커인 벤츠와 BMW의 경우, 전장부품의 급격

Fig 14

완성차업체와 부품업체의 역학관계 변화

	구분	과거	현재	미래
모듈사업 역할 분담	모듈 개발 및 설계	완성차업체, 모듈업체 협업/완성차업체 주도	완성차업체, 일부 모듈업체 협업 주도권 갖는 일방이 주도	일부 모듈업체
	2차 부품업체 선택권	완성차업체	완성차업체, 일부 모듈업체 협업	일부 모듈업체
	구성부품의 가격결정권	완성차업체	완성차업체, 일부 모듈업체 협업	일부 모듈업체
	모듈의 품질보증	모듈업체, 2차 부품업체	모듈업체, 2차 부품업체 공동보증	
거래관계 (폐쇄형→개방형)	부품업체 선정 방식	1사 발주 방식 안정적인 거래관계 구축	1사 발주 방식 개발경쟁 방식	개발경쟁 방식
	부품업체와의 거래 방식	대여도면 방식	승인도면 방식 대여도면 방식	승인도면 방식 위탁도면 방식
	부품업체 기술요구 수준	단순조립, 물류, 품질체크	모듈설계 능력, 사전평가, 해석 기술, 공정개선을 통한 원가절감 능력	새로운 부품 기술, 컨셉 부품 제안 및 개발 능력

자료: KARI

한 증가로 품질 문제가 발생하였으나 모듈업체에 설계 및 소싱 권한을 이양한 상태여서 문제 발생 원인을 장기간 찾아내지 못하는 소동을 겪기도 했다. 도요타는 모듈의 모든 설계에 관여하여 모듈업체 대비 확실한 교섭권 우위를 유지하고 있으나 2010년 대규모 리콜 사태 당시에는 비용의 대부분을 도요타가 부담하였다. 현대·기아차는 중간 형태로, 현대모비스가 모듈의 60~65%를 담당함으로써 원가절감 및 기술 블랙박스화 방지 효과를 거두고 있다.

부품업체들에 요구되는 기술도 단순조립 및 물류 → 모듈 설계 능력, 사전평가 및 해석기술 → 새로운 부품기술 또는 콘셉트 부품 제안 및 개발 능력으로 옮겨가고 있다. 기존에는 공정 및 설계 개선을 통한 원가절감 능력이 가장 중요하였지만 빠른 기술 변화로 부품업체의 R&D 이노베이터 역할이 강조되고 있다.

멘토의 Tip ❶   모듈화 및 플랫폼 통합의 장단점 생각해보기

모듈화 및 플랫폼 통합이 장점만 있을까요?

모듈화와 플랫폼 통합은 완성차의 원가절감에 획기적인 기여를 하고 있습니다. 모듈화 및 플랫폼 통합으로 현대·기아차는 개발기간을 기존 40개월에서 24개월로 단축하기도 했습니다. 그러나 이처럼 부품의 통합화가 진행되면서 문제점도 발생하고 있습니다. 금융위기 이후 자동차업체들의 리콜 사례를 보면 대부분 수백만 대가 넘어가는 글로벌 리콜이 빈번하게 발생했죠. 도요타는 2010년 미국시장의 렉서스의 브레이크 리콜이 전 세계로 확산되며 총 1,000만 대 이상의 리콜을 실시한 바 있습니다. 2013년 현대·기아차의 브레이크등 스위치 리콜, 2014년 GM의 점화 스위치 리콜, 최근 혼다의 에어백 리콜 등은 모두 500만 대에서 1,000만 대를 넘어서는 글로벌 리콜 사례입니다. 다수의 차종에 동일한 부품을 사용하면서 한 부품에 문제가 생기면 동 부품을 적용하고 있는 모든 차종에 대해 리콜을 실시해야 하는 부담이 생긴 것입니다. 또한 A/S 측면에서도 소비자의 부담이 커졌습니다. 부품이 시스템화 되면서 단위 부품 하나만 교체할 수 없어서 모듈이나 시스템 전체를 교체해야 하기 때문입니다. 효율성이 부각되었던 모듈화와 플랫폼 통합이 한편으로 이러한 이면을 가지고 있다는 것을 한 번쯤 생각해보기 바랍니다. 그러다 보면 현대모비스의 잠재적 리스크 요인과 장기적인 미래상을 어렴풋하게나마 그려볼 수 있을 겁니다.

멘토의 Tip ②   **자동차부품산업의 최신 동향 수시로 체크하기**

모듈화, 플랫폼화 등의 의미와 최근 동향을 알아봅시다.

완성차업체와 부품업체의 역학관계, 모듈화, 플랫폼화 등의 내용은 전 부서에서 중요하게 다뤄지는 부분이므로 각각의 의미와 최근 동향 등에 대해 정확하게 이해해두기 바랍니다. 다소 전문적인 내용이라 하더라도 해당 기업의 주요 비즈니스 영역이라면 간단한 직무상식 정도는 채용 과정에서 검증해볼 수 있기 때문입니다.

메가 서플라이어의 탄생

플랫폼 통합 및 모듈화를 통해 완성차는 대량생산체제에서도 균일한 품질을 유지하면서 원가절감이 가능해졌고 부품사는 대형화되었다. 일례로 현재 글로벌 자동차산업에서 최소한 규모의 경제 대수로 통용되는 100만 대 이상을 생산하는 완성차 메이커는 16개사인 반면, 이들 메이커에 공통적으로 납품하는 글로벌 부품사는 10개사다.

글로벌 부품사들은 모듈 단위, 시스템 단위의 납품을 하면서 이제 과거와 달리 차량의 구조에 대한 이해가 가능해졌다. 또한 글로벌 완성차마다 상이한 요구조건에 대응하면서 베스트 프랙티스Best Practice를 찾아내고 기술을 선도하게 되었다. 즉, 가격 협상력의 헤게모니가 완성차에서 부품사로 이전되며 메가 서플라이어Mega supplier가 등장하고 있는 것이다. 이러한 메가 서플라이어의 매출액 대비 R&D 비중은 5~9% 수준으로, 완성차의 3~5% 대비 2배 이상을 기록하고 있다. 그럼에도 영업이익률은 부품사가 더 높다.

그렇다면 메가 서플라이어가 등장하는 트렌드에 따라 현대모비스는 어떠한 역할을 해야 할까?

부품사의 대형화와 기술 선도는 글로벌 트렌드로서 완성차가 막을 수 있는 상황은 아니다. 오히려 부품사를 계열사로 두고 있는 현대·기아차는 적극적으로 부품 계열사가 글로벌 경쟁력을 갖출 수 있도록 육성해야 하는 시점이다. 현대·기아차의 부품 계열사들도 기술을 축적하고 해외 완성차에 대한 매출을 확대해야 한다. 현대모비스는 안

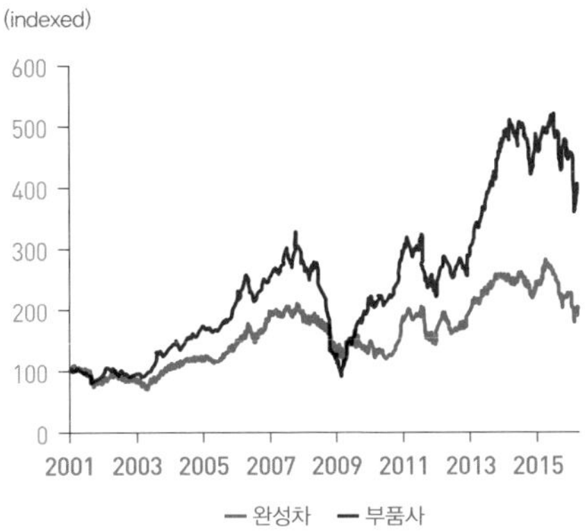

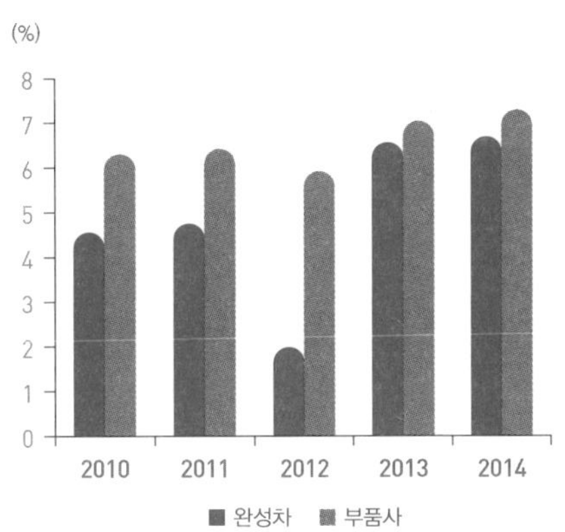

주: * 완성차(도요타, 혼다, BMW, 폭스바겐, 르노, GM), 부품사(보쉬, 콘티넨탈, 존슨콘트롤즈, 덴소, 마그마인터내
　셔널, 보그워너)
자료: 블룸버그

정적인 실적 및 현금흐름을 만들 수 있는 A/S사업부를 갖추고 있어 기술 축적을 위한 재원 마련 측면에서 다른 부품사보다 오히려 유리하다고 할 수 있다. 다만 빠른 시간 내에 기술 축적을 하는 것은 불가능하기 때문에 풍부한 자금력을 바탕으로 부족한 기술 분야는 해외 M&A 등을 적극적으로 검토해볼 필요가 있다.

메가 서플라이어의 특징

매출액 기준 글로벌 10위권 부품사들은 캡티브Captive시장에 있는 관

글로벌 부품업체의 매출액 현황(2014년)

순위	업체	국가	매출액(백만 달러)
1	보쉬(Robert Bosch)	독일	44,240
2	마그마인터내셔널(Magna International)	캐나다	36,325
3	콘티넨탈(Continental)	독일	34,418
4	덴소(Denso)	일본	32,365
5	아이신세이키(Aisin Seiki)	일본	28,072
6	현대모비스	한국	27,405
7	포레시아(Faurecia)	프랑스	25,043
8	존슨콘트롤즈(Johnson Controls)	미국	23,589
9	ZF 프리드리히스하펜 AG(ZF Friedrichshafen AG)	독일	22,192
10	리어(Lear)	미국	17,727
32	현대위아	한국	7,368
45	만도	한국	5,373
54	현대파워텍	한국	4,419
71	현대다이모스	한국	2,833

자료: 오토모티브 뉴스

현대차 계열사의 현대차그룹에 대한 매출 의존도(2014년)

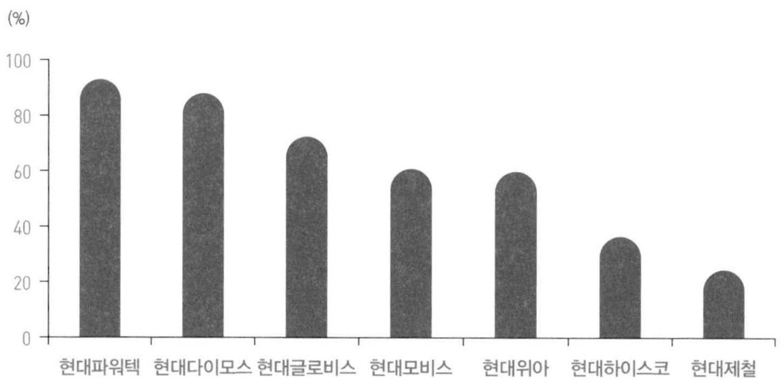

자료: 각 사

련 완성차업체 대비 밸류에이션Valuation 프리미엄을 받는다. 자동차산업은 정부 보호로 인해 진입장벽이 있어 완성차 메이커는 글로벌 시장에서 과점적 지위를 누릴 수 없고 수요 및 환율에 대한 실적 변동성이 크다.

반면, 글로벌 부품사는 기술경쟁력을 기반으로 주력 분야에서 독과점적 점유율을 유지하고 있다. 또한, 제품 및 매출처 다변화로 매출을 성장시키기 때문에 자동차산업의 순환적인 성격을 크게 완화시킨다. 도요타는 3차에 걸친 엔고 시기에 대대적인 원가절감 활동을 실시하였으며 2000년 이후에는 원가절감 활동을 상시화 했다. 그럼에도 일본 상위 3사 부품업체의 매출 성장률은 사업영역 확장 및 매출처 다변화로 인해 도요타 대비 높았다. 또한 영업이익률 변동 폭은 도요타 대비 적어 안정적 영업실적을 보였다.

글로벌 부품사들의 특징을 살펴보면, 첫째, 캡티브 시장 내 확고한 지위를 점한다. 캡티브 시장에서 창출되는 견고한 수익성과 현금흐름은 R&D 투자 및 사업영역 확대의 기반이 된다. 둘째, 샤시, 공조, 변속기 등 핵심부품에서 출발하여 전장부품, 친환경부품 등 제품 포트폴리오 확대로 성장을 지속한다. 덴소는 공조 부분에서 출발하였고 보쉬는 샤시 부분, ZF와 아이신세이키는 변속기사업에 기반을 두고 있다. 셋째, 기술 및 원가경쟁력을 기반으로 하여 매출처가 다변화되어 있다. 지분관계 등으로 계열이 뚜렷한 일본 부품사들도 계열사에 대한 매출 의존도가 50~60%이며, 유럽계 부품사들은 아웃소싱에 대한 개방적인 경향으로 인하여 주 고객을 구분할 수 없을 만큼 다변화되

구분	회사명	지분율	제품	2014년 연결매출 (십억 원)
부품사 (6개)	현대모비스	기아차(16.9%), 현대제철(5.7%)	A/S부품, 모듈, 헤드램프, 전장 부품	36,185
	현대하이스코	현대차(29.4%), 기아차(15.7%)	냉연강판	4,214
	현대위아	현대차(25.3%), 기아차(13.4%)	수동변속기(SUV, 소형 상용), 등속조인트, 모듈, 소형 엔진	7,596
	현대다이모스	현대차(47.3%), 기아차(45.4%)	수동변속기(대형 상용, 중국), 시트	2,551
	현대파워텍	현대차(37.6%), 기아차(37.6%)	자동변속기	3,253
	케피코	현대차(100.0%)	파워트레인, 전장부품	1,742
원재료 (1개)	현대제철	기아차(19.8%), 현대차(7.9%)	열연강판	16,762
OEM 생산 (1개)	동희오토	기아차(35.1%)	기아차 모닝, 레이	204

자료: 각 사

어 있다. 넷째, 기술경쟁력을 기반으로 독과점적 글로벌 시장점유율을 확보하고 있다. 덴소는 공조 부분의 글로벌 시장점유율이 25%이며, 보쉬와 콘티넨탈은 운전자 보조시스템 전장(ADAS: Advanced Driver Assistance Systems) 분야에서 시장을 양분하고 있다. ZF와 아이신세이키는 변속기 등 동력시스템 분야에서 독보적 위치이다. 또한 매출액 대비 R&D 비중이 완성차 대비 2배 수준인 6~10%로 기술 리더십을 가지고 있다. 이로 인해 완성차 메이커에 대해 동등한 가격 협상력을 가지거나, 최근에는 전장의 ECU, 센서와 같이 독과점 부품의 주도권이 부품사에 있는 경우도 있다.

글로벌 부품사 사업별 포트폴리오(2014년)

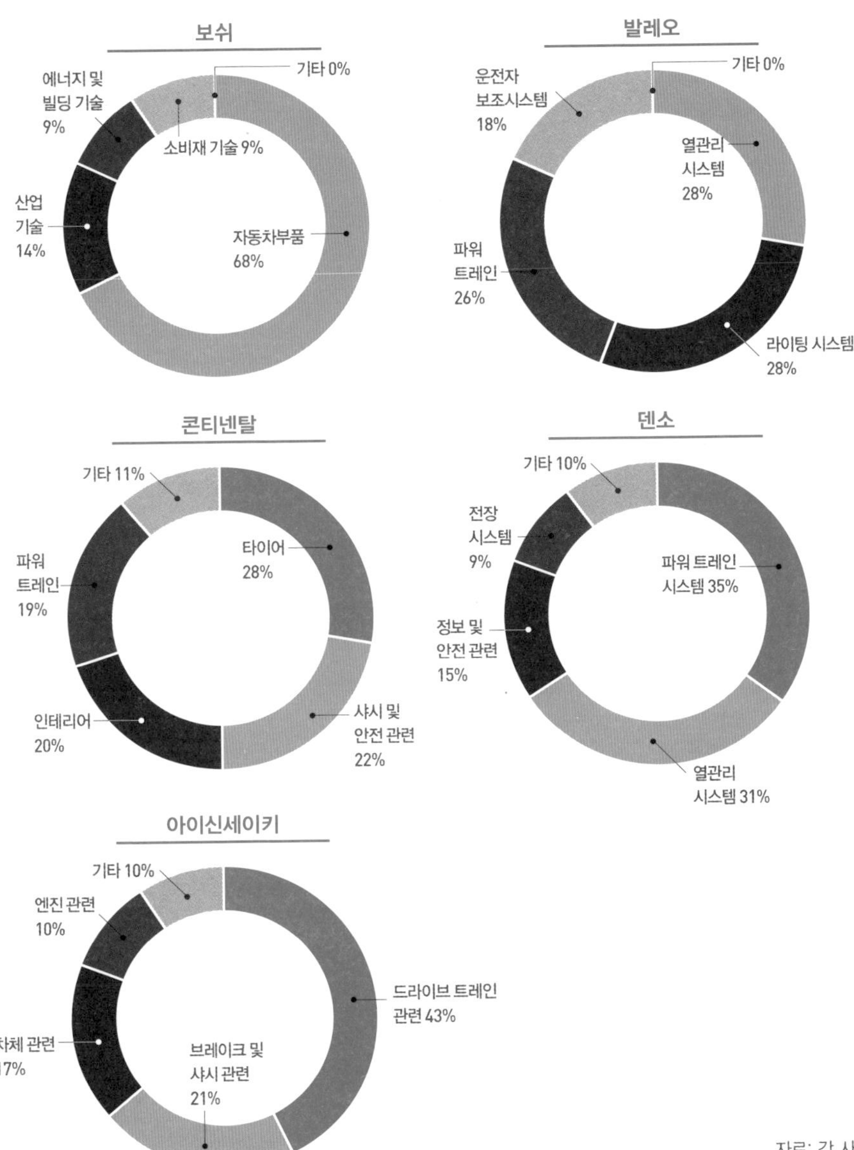

자료: 각 사

매출액 기준 상위 100대 부품사를 기준으로 국가별 시장점유율을 구분해보면 유럽 업체가 37%로 가장 높다. 2014년에 독일 부품사인 ZF는 미국의 조향, 브레이크 부품사인 TRW를 인수하였고, 최근에는 독일 부품사인 말레Mahle가 미국 델파이의 공조사업부를 인수하면서 유럽 업체의 점유율이 더욱 높아질 전망이다. 유럽 부품업체의 점유

글로벌 부품사 지역별 포트폴리오(2014년)

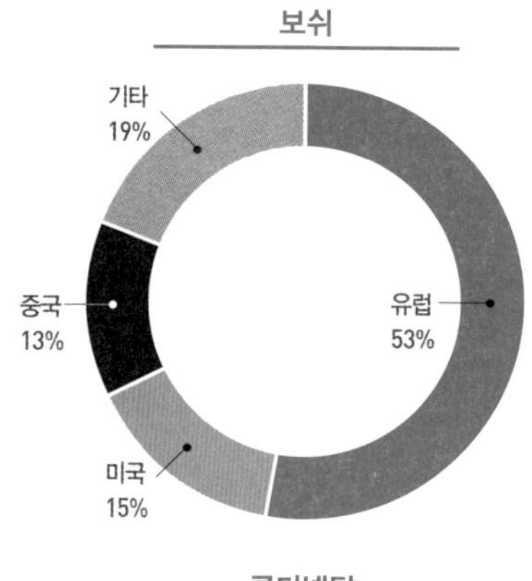

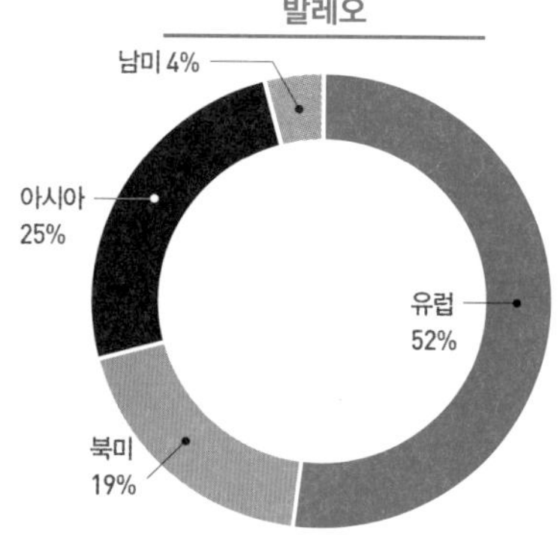

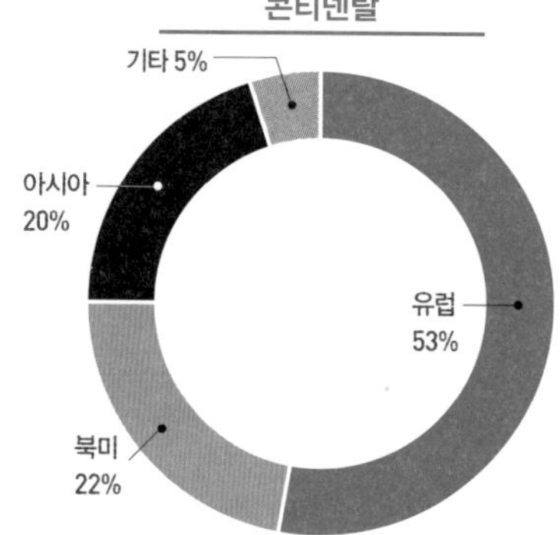

자료: 각 사

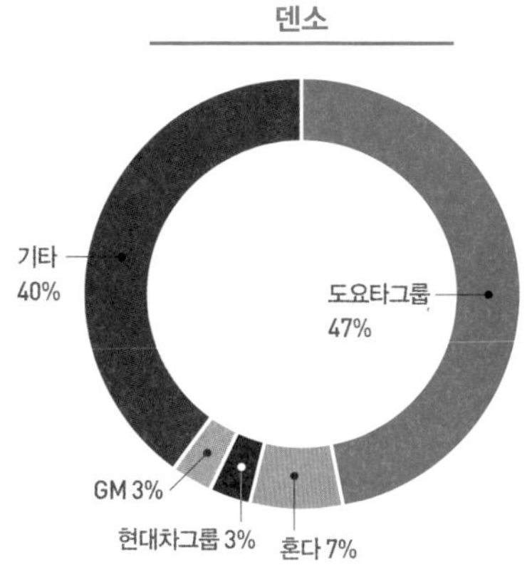

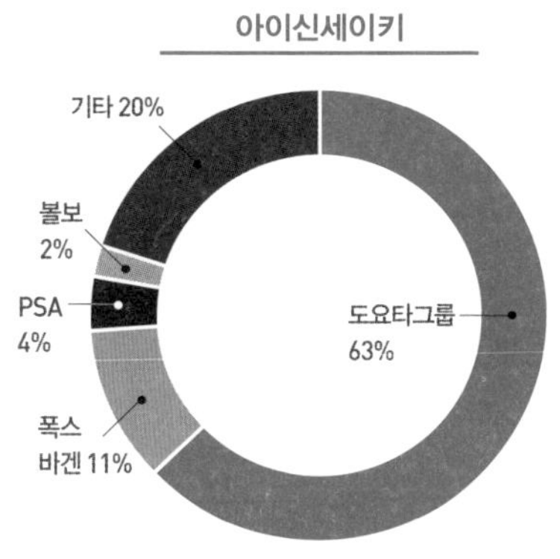

자료: 각 사

율 증가세를 감안할 때 당분간 폭스바겐, BMW 등 독일 업체를 중심으로 유럽 완성차가 글로벌 자동차산업의 트렌드를 주도할 가능성이 높아 보인다.

그러나 개별 업체로 봤을 때 일본의 상위 부품사들인 덴소와 아이신세이키는 모두 도요타의 계열사인 반면, 독일 및 유럽의 부품사는 완성차와 독립된 지배 구조로 수익성 측면에서는 도요타가 유리하다고 판단된다. 차별화된 수익성은 미래의 변화를 준비할 수 있는 재원이 된다는 측면에서 중장기적으로는 도요타가 판매 및 수익성 측면에서 글로벌 1위를 유지할 가능성이 높아 보인다.

글로벌 100대 부품업체의 국가별 M/S(2014년)

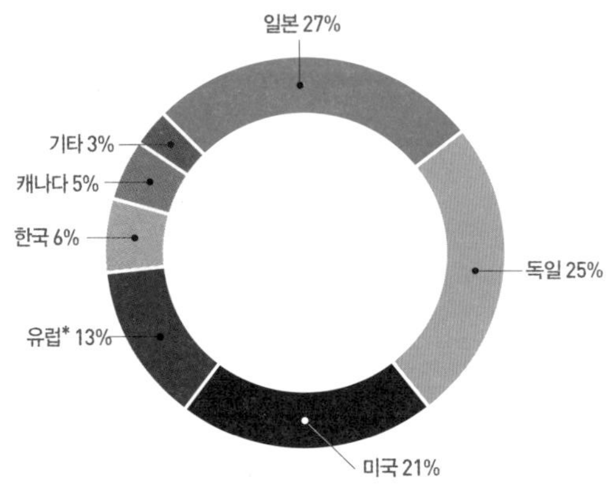

참고: * 독일 제외
자료: 오토모티브 뉴스

글로벌 부품업체의 국가별 글로벌 시장점유율 추이

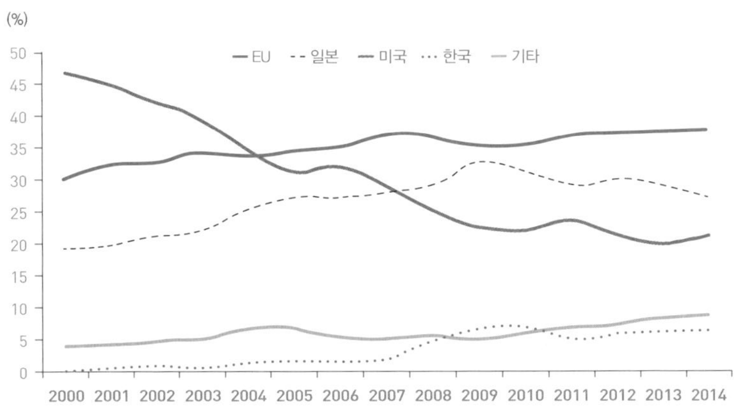

자료: 오토모티브 뉴스

 **글로벌 메이저 부품업체들의 특징을 알아보고 자동차부품산업
의 트렌드를 살펴봅시다.**

　본문에 설명되어 있는 메이저 부품업체들의 특징들은 입사 후 포부나 직
무에세이 작성 시 매우 유용할 수 있습니다. 구체적인 근거는 부족한데 마
냥 의지를 다지는 식의 포부는 무의미합니다. 산업이나 시장의 주요 이슈나
현황을 정확하게 이해한 뒤 이에 근거하여 자신의 장점을 어떻게 발휘해보
겠다는 식으로 흘러가야 흥미와 공감을 줄 수 있습니다. 자동차산업의 주도
권이 완성차업체에서 부품업체로 넘어오고 있다는 점은 큰 패러다임의 변
화라고 하겠습니다. 그런 비전을 가진 현대모비스에 여러분은 어떤 역할과
기여를 할 수 있겠습니까?

HYUNDAI
MOBIS

시장:
새로운 도전자들로 바뀌는 시장의 흐름

자동차시장은 업(業)의 특성상 과점 업체가 존재하지 않는 구조입니다. 자국에서 1위인 자동차 브랜드도 해외시장에서는 독점 사업자가 될 수 없는 양상을 보이고 있죠. 이러한 연유로 글로벌 자동차시장에서는 상위 7개의 자동차업체가 치열한 경쟁을 벌이고 있습니다. 최근에는 구글과 같은 거대 IT업체들이 전통적 강자들을 위협하는 새로운 도전자로 떠오르고 있습니다. 이러한 시장의 변화 속에서 현대차그룹은 어떠한 전략을 가지고 있는지 살펴봅시다.

01
글로벌 자동차시장의
판도 살펴보기

상위 7개 업체 간의 치열한 경쟁

자동차산업은 과점 업체가 존재하지 않는 구조이기 때문에 각국의 환경 규제 등 규제 강화에 맞춘 기술 및 가격 경쟁이 치열해지며 상위 업체와 하위 업체 간의 격차가 점차 확대되고 있는 추세다.

2000년대부터 일본의 빅3(도요타, 닛산, 혼다), 미국의 GM과 포드, 한국의 현대·기아차 등 상위 7개 업체가 점점 글로벌 시장 내 점유율을 높여가더니 2015년에는 63.1%를 기록했다. 현대·기아차는 2015년에 글로벌 공장 판매 802만 대를 달성하면서 글로벌 시장점유율 9%를 기록하였다. 프리미엄 메이커인 BMW와 다임러Daimler를 포함하면 상위 9개 업체의 시장점유율은 69%이다. 한편, 그 외 200여 개의 소규모 업체들이 나머지 점유율을 나누어 가지고 있다.

글로벌 자동차시장 양극화(2015년)

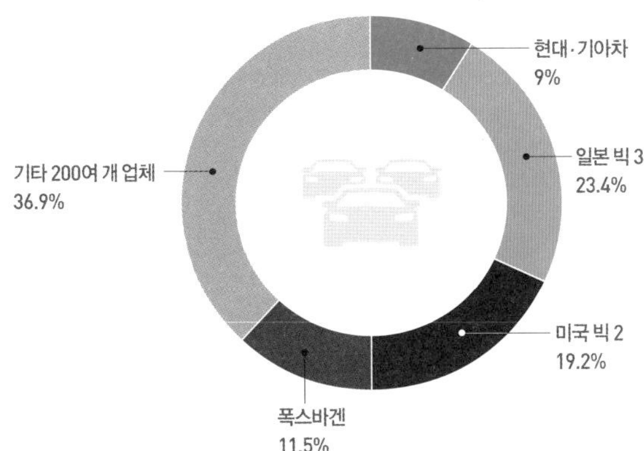

자료: KARI, 각 사

글로벌 Top7, 시장지배력 확대 중

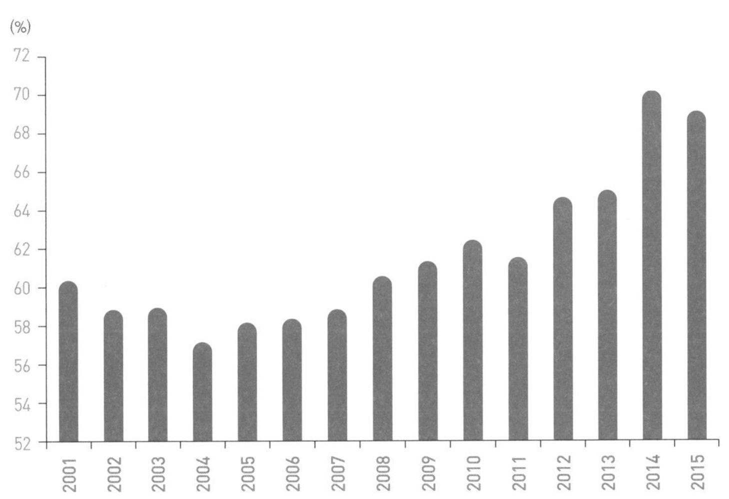

참고: Top7은 일본 빅3, 미국 빅2, 폭스바겐, 현대·기아차

자료: 블룸버그

상위의 글로벌 완성차업체는 자국시장에서 과점의 점유율을 유지하면서 동시에 중점적으로 공략하는 시장이 있다. 일본 업체는 미국시장에 주력하고 있으며, 폭스바겐, BMW 등 독일 업체는 유럽시장에서 압도적인 점유율을 유지하고 있으면서 동시에 중국시장에서 점유율 1위를 유지하고 있다. 한국 업체인 현대·기아차는 한국시장에서 점유율 65% 수준의 과점적 지위를 유지하고 있으며, 2000년대부터 신흥시장의 수요 상승과 함께 성장하면서 브릭스BRICs를 중심으로 한 신흥시장에 중점을 두고 있다. 이에 2001년에는 200만 대를 판매해 글로벌 시장에서 13위 업체로 올라섰다. 이후 매년 CAGR 10.7%의 성장을 기록해 2014년에는 글로벌 5위의 메이커로 등극하였다.

Fig 27

현대차의 글로벌 판매대수 및 점유율

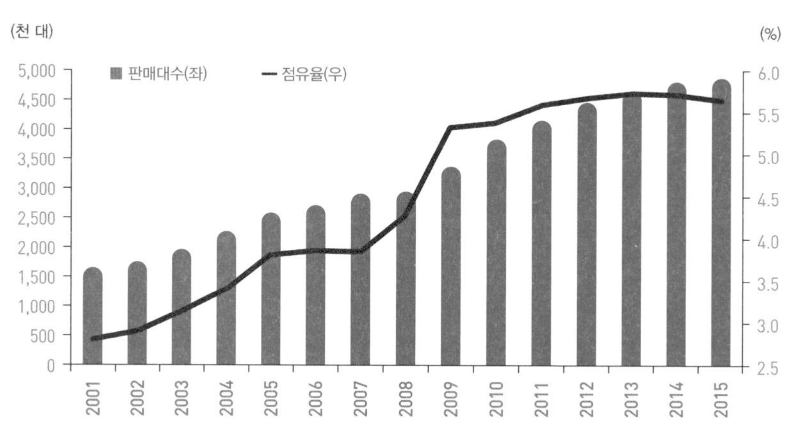

자료: 현대차

기아차의 글로벌 판매대수 및 점유율

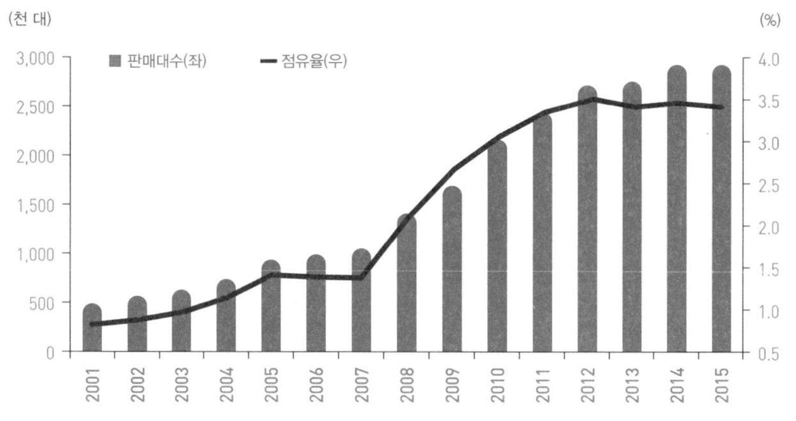

글로벌 시장 포트폴리오(2015년)

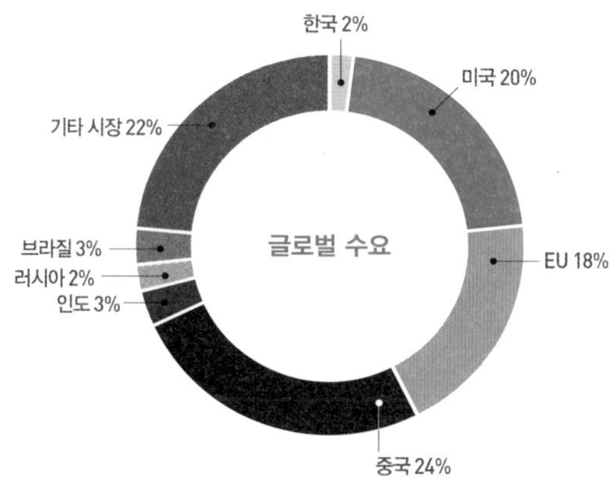

 **시장을 움직이고 변화시키는 요소들을 찾아봅시다.**

자동차산업의 특성상 글로벌 자동차시장이 완전경쟁하에 있지만 로컬 시장은 자국 자동차산업의 높은 전후방성과 지원정책 등으로 해외 업체의 과점적 점유율 유지가 어렵다는 본문의 설명입니다. 하지만 산업의 트렌드와 소비자 기호에 변화가 생김에 따라 자동차시장은 새로운 주인공의 등장을 기다리고 있을지도 모릅니다. 기업 입장에서도 경영전략을 수립하는 데 있어 핵심요소는 산업의 현주소와 앞으로의 진화 방향을 제대로 이해하고 실천해나가는 것입니다. 기업마다 경영회의 자료를 만들고 회의를 하는데, 그 자료들의 공통점을 찾자면 첫 페이지에 환경 변화에 대한 분석이 반드시 나온다는 것입니다. 주요 내용은 산업을 진화시키고, 시장 내 기업들의 위치들을 뒤섞이게 하는 요인들에 대한 것들입니다. 자동차라면 친환경, 연비, 스마트카 시대, 전장화, 오피스로서의 자동차 등 다양한 이슈와 트렌드가 여기에 해당될 겁니다. 이런 변수들에 대한 이해를 바탕으로 자신의 지원 동기와 재능을 설명할 수 있어야 면접관의 관심과 공감을 쉽게 만들어낼 수 있습니다.

수요 잠재력이 큰 중국시장 중요도 높아져

나라별로 살펴보면, 중국시장은 금융위기 이후 전 세계에서 가장 큰 시장으로 등극했다. 인구 1,000명당 자동차 보유대수가 적고, 경제 성장률이 높기 때문에 그만큼 수요 잠재력이 가장 큰 시장이라고 볼 수 있다. 중국시장의 수요는 2015년에 2,500만 대로 이전보다는 수요 성장률이 낮아졌다. 그러나 연간 6~7%를 기록하고 있어 2020년에는 3,000만 대까지 수요가 늘어날 것으로 예상된다.

미국시장의 수요는 금융위기 이후 2015년까지 가파른 회복세를 이어와 금융위기 전의 고점인 1,700만 대를 돌파했다. 출구 전략에 따른 금리 상승 부담으로 2016년을 기점으로는 정체가 예상된다.

유럽시장은 2008년 이후 6년간 수요가 점점 줄어들었다가 2013년 1분기의 -10.8% YoY(전년 대비 증가율)를 저점으로 회복세를 보이고 있다. 주요 국가별로는 영국의 경기 회복과 스페인의 기저 효과가 수요를 견인한 것으로 보인다. 유럽시장의 수요는 유럽 업체의 구조조정

Fig 30

주요 국가의 인구 1,000명당 자동차 보유대수(2014년)

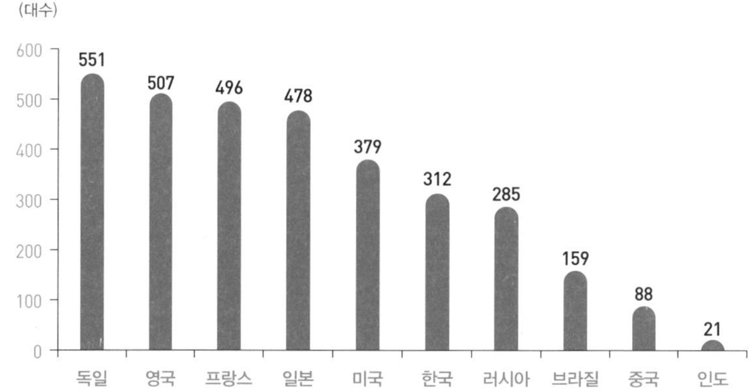

주: 상용차 제외
자료: KAMA

노력, 재고감축 마무리 등에 힘입어 2014년부터 2017년까지 연간 3~5%의 회복세가 예상된다.

한국은 저금리, 국내 메이커 및 수입차의 활발한 신차 출시에 힘입어

나라별 월간 자동차 수요 및 수요 성장률

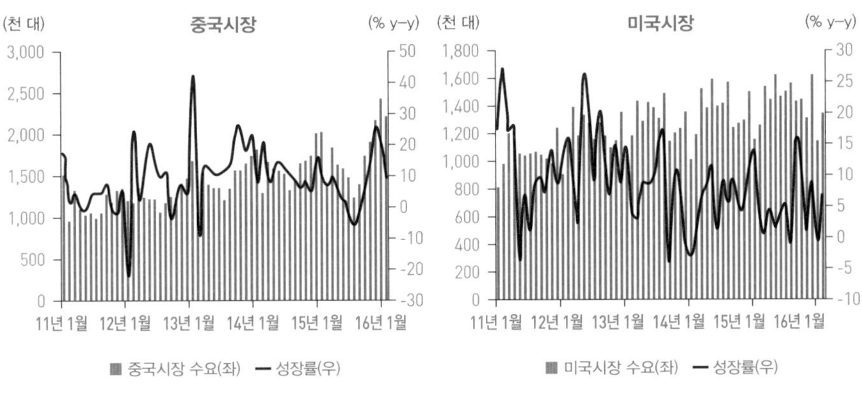

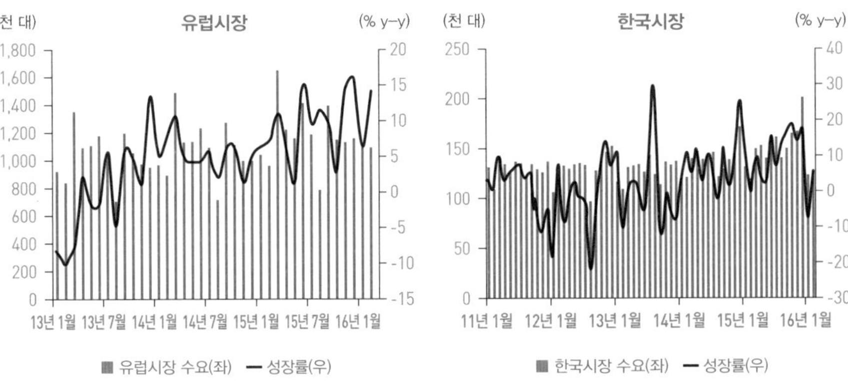

3~4%의 성장세를 기록하고 있다. 한편, 수입차 브랜드의 활약이 늘어나면서 그동안 독과점 형태로 시장을 지배하고 있던 현대·기아차의 시장점유율이 점점 하락 추세에 놓여 있다.

한국시장 내 수입차 시장점유율 점점 늘어나

2001년 한국시장에서 판매된 수입차를 살펴보면 7,747대로, 점유율을 보면 0.5%로 미미한 수준이었다. 그러나 이후 고성장을 기록하면서 2014년에는 19만 6,000대로 시장점유율 11.9%를 기록했다. 2015년에 들어 수입차의 월별 시장점유율은 15%를 기록하고 있다. 반면, 수입차

Fig 32

국내시장 내 수입차 점유율 추이

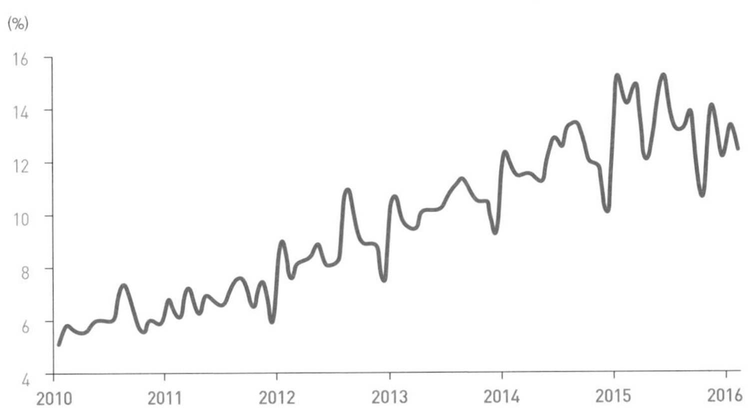

자료: KAIDA

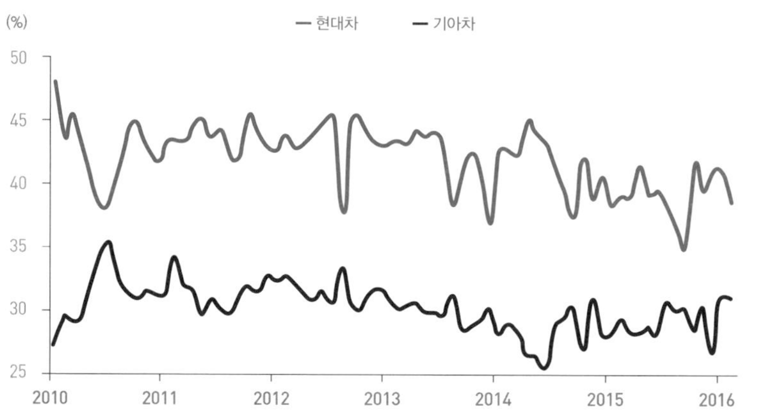

의 성장으로 현대·기아차의 국내 시장점유율은 2015년에 들어 처음으로 70%를 하회하기 시작했다. 수입차의 고성장은 원화 강세, FTA로 인한 미국 및 유럽차에 대한 관세 인하, 그리고 그에 따른 가격경쟁력 향상, 소비자의 욕구 다양화 등에 기인하고 있다.

미국, 독일, 프랑스 등 자동차 성숙시장의 경우 자국 메이커의 시장점유율은 50%를 넘지 못하고 있다. 1위 업체인 도요타도 자국시장 내에서 40%대를 유지하고 있다. 이제 현대·기아차가 주도해왔던 한국시장도 경쟁구도의 변화가 불가피해진 것이다.

한편, 한국시장의 연간 수요가 120만~130만 대 수준으로 정체 상태인 점을 감안할 때 해외 브랜드가 한국에 생산공장을 짓기는 쉽지 않다. 또한 여전히 높은 A/S부품 가격, 보험료 등의 유지비가 수입차의 문제점으로 지적되고 있어 수입차가 지속적으로 성장한다고 하기에도 어려워 보인다.

현대·기아차의 자국시장 사수 전략

현대차의 한국시장 점유율이 2015년 1분기에 37.7%를 기록하면서 현대차그룹의 수장인 정몽구 회장은 현대차에 내수시장 점유율 41%를 사수하라는 지시를 내렸다.

이탈리아의 피아트FIAT의 경우, 1999년에 심리적 방어선인 시장점유율 40%가 무너진 뒤 급격한 내수판매 감소를 겪었고, 내수시장에서 안정적 성장기반을 잃으면서 글로벌 시장으로 위기가 확대된 사례가 있다. 현대차는 엔진의 다양화, 블로그를 통한 소비자와의 소통, 비교 시승을 통한 상품경쟁력 홍보 등을 통해 소비자의 신뢰를 회복하기 위해 노력하고 있다. 현대·기아차의 합산 시장점유율은 여전히 60% 이상으로 피아트의 사례와는 다르다. 그러나 자국시장에서 소비자의 신뢰를 잃은 메이커가 해외시장에서 성장한 예는 없다. 특히, 현대·기아차에 대한 젊은 세대의 이미지는 보수적이고 아버지 세대가 사용하는 차로 인식되어 있어 이는 장기 성장성을 저해할 우려가 있다. 현대차그룹의 일원이 되고자 하는 취업준비생의 경우, 이에 대한 원인이 무엇인지, 또 해결책은 무엇인지에 대해 생각해볼 필요가 있다.

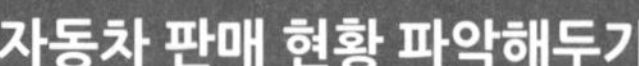
자동차 판매 현황 파악해두기

글로벌 자동차시장 판매 현황에 대해 파악해둡시다.

현대모비스의 매출은 일차적으로 모회사인 현대·기아차의 자동차 판매량에 의존할 수밖에 없기 때문에 자동차 판매시장의 글로벌 판도와 추이에 대한 개략적인 이해도를 갖출 필요가 있습니다. 면접에서 직접적으로 글로벌 자동차시장 판매 현황(예컨대, 전 세계 자동차시장 규모나 판매대수 등)에 대해 아는 대로 설명해보라고 하면 어떻게 대답해야 할지 정도는 미리 준비해두기 바랍니다.

02
시장을 뒤흔드는
새로운 강자

차별화되지 않는 상위 업체들의 경쟁 전략

자동차산업의 경쟁 구도는 부품의 아웃소싱, 차량의 전장화 트렌드로 인해 기존 완성차업체 간의 경쟁을 넘어 부품업체와의 경쟁, 신규 진입자와의 경쟁 등으로 양상이 복잡해지고 있다.

우선, 앞서 설명한 대로 글로벌 상위 업체 간의 시장점유율 경쟁이 치열해지고 있다. 글로벌 완성차업체는 금융위기 이전 대비로 볼 때 판매·실적·재무 현황 측면에서 크게 개선되었으나, 금융위기 이전과 달리 상위 업체 간 격차가 축소되면서 어느 메이커도 쉽게 점유율 확대를 기대하기 어려워졌다.

글로벌 상위 업체의 판매 격차 – 점점 축소됨

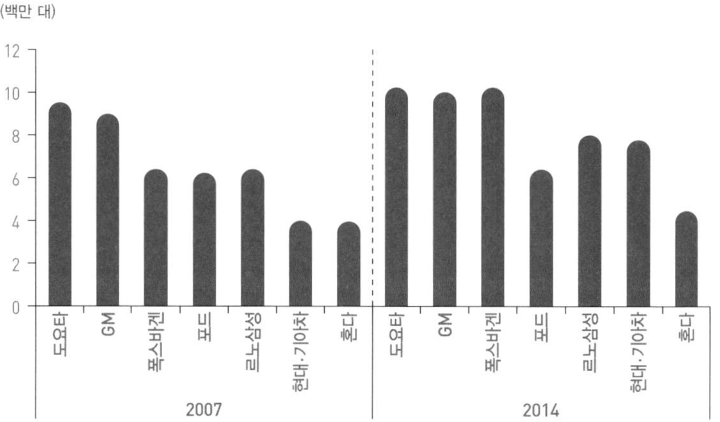

자료: 각 사

글로벌 상위 업체의 현금 유동성 – 점점 풍부해짐

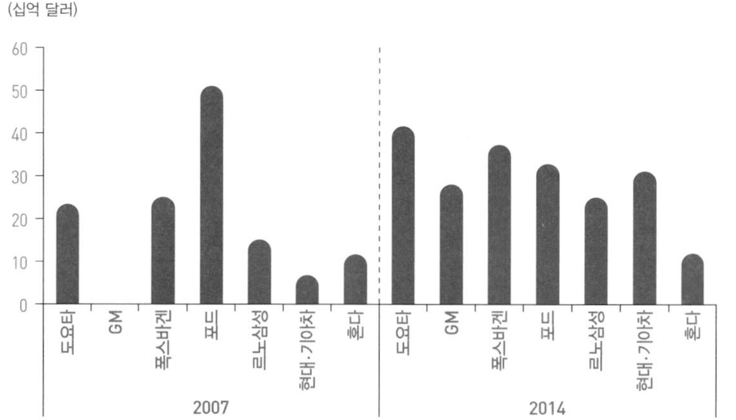

자료: 블룸버그

글로벌 자동차 수요의 성장이 3% 내외로 높지 않은 상황인데 글로벌 완성차 상위 업체들 간의 전략은 차별점을 찾기 어렵다. 모든 업체가 선진시장의 수요 회복에 맞춘 프리미엄 라인업 확대, 신흥시장 생산거점 확대 및 저가차 개발, 주요 국가의 규제환경에 맞춘 친환경차 기술 개발을 추진 중이다. 또한 환율 리스크 축소 및 현지 생산 확대를 위해 해외 생산 기지를 구축하고 있는 실정이다.

특히 차는 국민성이 강한 상품으로 글로벌 과점 지위가 허용되지 않는다는 점을 감안할 때 현대·기아차가 금융위기 직후와 같이 빠르게 시장점유율을 확대할 것이라 기대하기 어려워 보인다. 2013년 이후 현대·기아차의 글로벌 판매 증가세는 산업 수요 성장률인 3% 내외로 수

일본 3사 및 현대·기아차의 자국 생산 비중

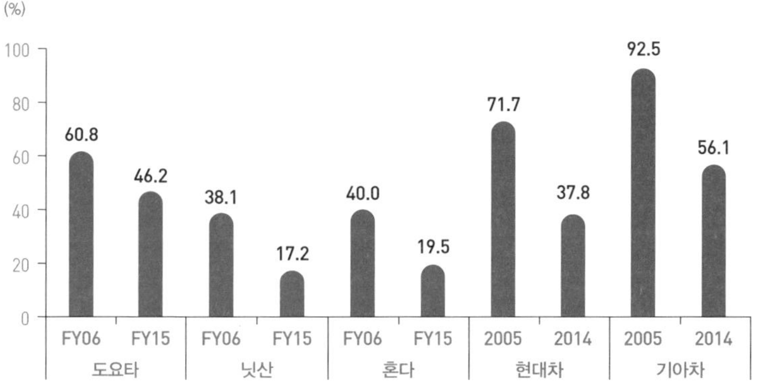

자료: 각 사

렴되고 있다. 일본 업체도 2012년 말 이후 엔화 약세에 힘입어 높은 주
가 상승세를 보였으나 2013년에만 판매 회복세를 보였고 그 후 판매 성
장세가 둔화되고 있다.

멘토의 *Tip* ❻   현대모비스의 경쟁 전략 파악해두기

글로벌 자동차업계의 전략적 유사성과 현대모비스의 대응전략에 대해 생각해봅시다.

글로벌 자동차업체들의 경쟁전략이 차별점을 찾기 어려울 정도로 유사해지고 있다는 본문의 지적입니다. 시장점유율을 늘리는 전략이 그만큼 성공하기 어려워졌다는 의미입니다. 당분간 이런 흐름이 지속된다고 보면 부품의 전장화라든지, 편의성과 안정성을 높이는 부품의 장착 등과 같은 품질 측면에서의 경쟁력 제고 노력이 배가될 것입니다. 현대모비스에는 이런 산업 환경이 기회이자 위기로 작용할 수 있습니다. 현대모비스 입사를 희망하는 사람이라면 이러한 전략적 니즈에 대해 현대모비스가 어떤 노력을 기울이고 있는지 잘 파악해두기 바랍니다.

관련 자료 찾아보기 ❸
현대경제연구원, 〈자동차산업 핵심 경쟁력의 중심 이동〉 

'자동차 전장화'를 키워드로 시장 및 기술 동향에 대해 자세히 찾아보기 바랍니다. 특히 현대경제연구원에서 2014년 6월에 발간한 〈자동차산업 핵심 경쟁력의 중심 이동〉(17페이지)이라는 자료를 참고해보기 바랍니다.

자동차산업의 진화에 따라 핵심 경쟁력이 어떻게 변화하고 있는지, 자동차
산업의 가치사슬에는 어떤 변화가 나타나고 있는지의 관점에서 비교적 자
세히 설명하고 있습니다.

자동차산업에 뛰어든 IT업체들

두 번째 경쟁은 글로벌 IT업체 같은 신규 진입자와의 경쟁이다. 이는
장기적 관점의 경쟁이지만 테슬라Tesla의 전기차와 구글Google의 무인차
는 기존 완성차업체를 긴장시키고 있다.

차량의 전장화 및 부품의 모듈화, 시스템화라는 트렌드는 구글, 테슬
라, 애플 등 기존의 자동차업체가 아닌 IT 기술 및 네트워크 기술에 강
한 사업자가 자동차산업에 진입할 수 있는 환경을 형성하고 있다. 차
량의 뼈대인 샤시 기술만 갖추면 나머지 부품은 외부 조달이 가능해진
것이다. 전장부품 및 부품 간의 네트워크 기술 측면에서 보더라도 기
존의 완성차업체가 IT업체보다 우위에 있다고 단정 짓기 어렵다. 미국
자동차 전문지인 《오토모티브 뉴스Automotive News》는 '자동차가 바퀴 위
의 컴퓨터가 되어가면서 자동차산업의 중심지가 디트로이트에서 실리
콘밸리로 이동 중'이라고 표현하기도 했다.

자동차산업에서 신생 업체에 속하는 테슬라는 '전기차는 파우치 또
는 각형으로 된 대형 2차 전지를 이용해야 한다'는 기존의 상식을 깨고
7,000개의 원통형 전지로 전기차를 생산하기 시작했다. 2020년에는 기
가팩토리를 건설하여 50만 대를 대량생산하겠다는 계획을 발표하기도

테슬라의 개요

구분	내용
CEO	엘론 머스크
본사	미국 캘리포니아 팰로앨토
공장	미국 캘리포니아 프리몬트
생산 차종	모델 S(고급 세단) 모델 X(SUV, 2015년) 모델 3(준중형 승용, 2017년)
생산량	3.5만 대(2014년), 6만 대(2015년)
미국 외 진출 국가	캐나다, 영국, 네덜란드, 중국, 홍콩, 일본, 호주

자료: 테슬라

테슬라의 전기차 ‘모델 S’

자료: 테슬라

했다. 2015년 6월에는 전기차시장 확대를 위해 모든 특허를 공개하겠다고 밝혔다. 테슬라는 애플 등 IT업체와의 M&A 기대감도 높다.

구글 역시 무인차 기술을 개발하며 자동차산업의 진입을 예고했다. 구글은 포드의 전 CEO인 앨런 머렐리Alan Mulally를 이사회 멤버로 영입하며 2020년을 목표로 무인차 양산화를 추진 중이다. 구글이 추구하는 가치는 '집-사무실-모바일-차'를 연결하는 통합 서비스를 제공하여 고객을 구글의 통합 플랫폼 내에 '록인Lock-in'시키는 것이다. 삼성전자, LG그룹 등 국내의 글로벌 IT업체들도 차세대 육성산업으로 자동차 부분을 지정하고 전장부품 및 2차 전지 생산으로 진입을 시도하고 있다.

물론 차량이 IT화 된다고 해서 IT업체들이 자동차산업의 헤게모니를 쥘 것이라 예상하지는 않는다. 차량이라는 기계적인 제품의 특성, 승객의 안전을 담보해야 한다는 점, 구매주기 등 때문이다.

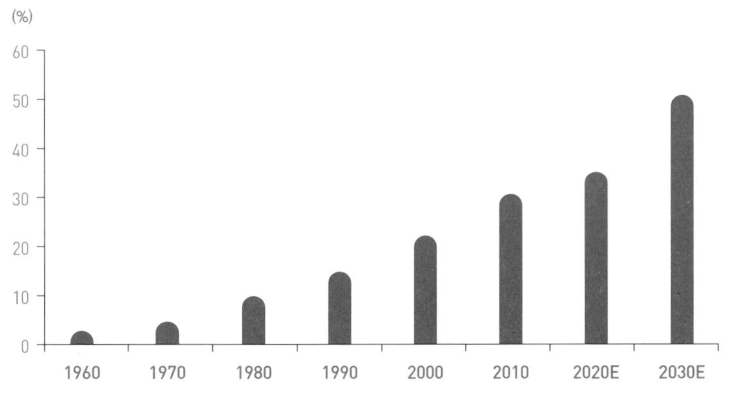

Fig 39

자동차 제작 원가에서 전자부품 및 소프트웨어가 차지하는 비중

자료: 스트래티지 애널리틱스

자동차는 기후, 소음, 진동 등 다양한 외부환경과 내부의 진동, 전자파 등에 노출되어 폐차 전까지 최소 15~20년 이상 장기간 운행되는 제품이다. 또한 승객의 안전이 최우선인 제품이다. 승객의 안전과 직결되는 2만 개 이상의 수많은 부품이 결합된 제품인 만큼 자동차산업의 기술 변화는 보수적으로 매우 느리게 진행되어왔다. 소비자의 신뢰를 얻기까지 IT제품과 비교할 수 없을 정도의 장기간이 필요하다.

일례로 차량용 반도체는 산업용 반도체 대비 온도, 수명, 불량률 등에서 훨씬 더 가혹한 품질 테스트와 품질 수준이 요구된다. 대량생산 체제에서 균일한 품질 유지, 각국의 규제, 생산원가를 맞추고 소비자에게 자동차 브랜드로 인식되기까지는 수많은 검증과 세월이 필요하다. 애플의 스마트폰은 소비자를 단숨에 사로잡았지만 애플의 자동차가 그와 같은 사랑을 받으려면 수많은 시간이 필요할 것이다. 차량용 반도체 분야의 과점 업체는 글로벌 소비자들이 흔히 알고 있는 인텔Intel, 도시바Toshiba, 삼성전자가 아니라 콘티넨탈, 보쉬, 르네사스Renesas

Fig 40

허용 기준이 까다로운 차량용 반도체

구분	산업용 반도체	차량용 반도체
온도	-10~70℃	-40~125℃
습도	90%	10%
수명	5~10년	15년 이상
불량률	1% 미만	Zero Defect
공급기간	5년 이상	30년 이상

자료: KAMA

등이다.

또한 자동차는 하나의 모델을 개발하는 데 통상 2~3년이 소요되고 수많은 테스트를 거치면서 신기술도 규격화되고 표준화된다. 과거에 GM, 크라이슬러와 같이 글로벌 완성차업체가 파산 및 법정관리를 신청했던 것은 기술의 격차 때문이 아니라 과잉투자, 재고증가 등에 따른 유동성 부족이 주요 원인이었다.

자동차는 고가의 소비재인 만큼 한 모델의 교체주기가 평균 5~6년이다. 최근에는 자동차의 품질이 점점 좋아짐에 따라 소비자의 평균 차량 보유기간이 오히려 증가하는 추세이다. 무인차의 경우, 현재 글로벌 시장에서 운행되는 자동차는 11억 대 수준인데, 자율주행차가 완벽하게 운행되기 위해서는 지구상의 모든 차가 자율주행차로 바뀌

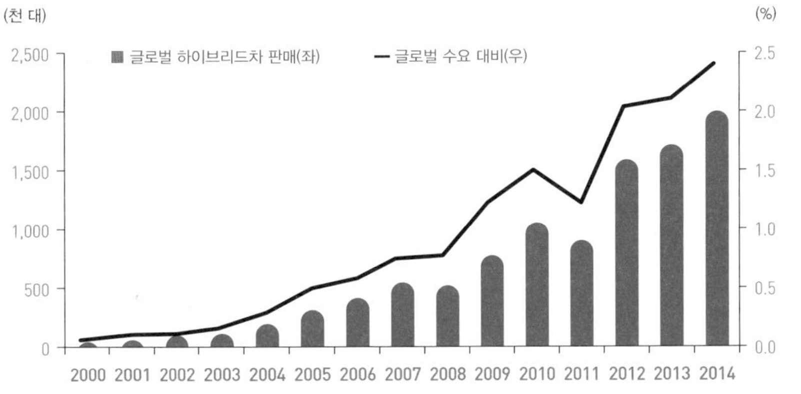

Fig 41

하이브리드 자동차 판매 및 수요 추이 – 첫 모델 출시(1997년) 후 13년 만에 대중화 시작

자료: IHS

어야 한다. 또한 매해 4~5%의 폐차율을 감안한다면 모든 소비자가 자율주행차를 선택한다고 가정해도 20년 이상이 필요하다. 반면, IT산업에서 5~6년은 산업의 사이클이 바뀌는 시간으로 IT업체가 자동차 제품의 긴 사이클에 적응할 수 있을지 의문시된다.

자동차보다 스마트폰이 먼저인 새로운 소비층

애플, 구글의 무인카 개발 선언에 이어 글로벌 완성차들도 앞다투어 자율주행차의 양산화를 공언하고 있다. 완전 자율주행차는 기술적인 제약 외에도 사고 발생 시 비용 부담의 주체 등의 법규 문제 등으로 먼 미래의 일이 될 것이다. 그러나 고속도로나 특정 지역 또는 특정 조건에서의 부분 자율주행은 매우 근시일 내에 접할 수 있을 것이다. 이미 운전자 편의장치(ADAS)는 고급차를 중심으로 양산차에 적용되고 있다.

글로벌 업체들이 자율주행차에 관심을 갖는 이유는 단순히 차량의 단가를 높여서 더 높은 이익을 내고자 하는 데에 목적이 있는 것은 아니다. 이 모든 변화의 근간에는 스마트폰의 엄청난 성공과 더불어 최근 젊은 세대에서 보이는 차량에 대한 기호가 이전보다 줄어들고 있는 배경과 관련이 있다. 대도시의 많은 젊은이들이 복잡한 도로에서 차를 운전하기보다는 대중교통을 이용하고 그 시간에 스마트폰을 이용하는 것에 더 큰 가치를 두는 경향을 보이기 때문이다. 실제로 미국이나 유럽에서는 10~20대의 운전면허 취득자가 감소 추세에 있는 것으

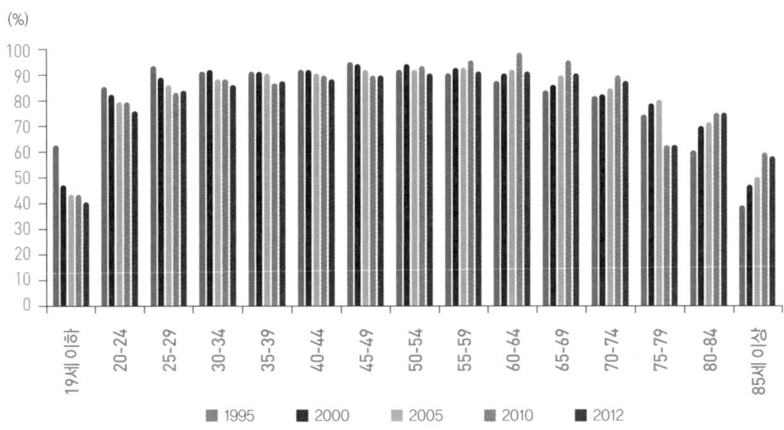

로 조사되었다. 이에 글로벌 완성차업체들은 근본적으로 수요에 대한 감소를 우려하면서 흥미로운 차를 만들기 위해 노력하고 있는 것이다.

한편, '파괴적 혁신'을 추구하는 IT산업은 새로운 제품이 기존의 제품을 무용지물로 만든다는 특징이 있다. 애플의 아이폰 등장과 함께 스마트폰이라는 새로운 개념이 기존의 폴더폰을 3년 만에 대체하였고, 파생상품인 태블릿과 함께 PC와 노트북시장을 잠식한 것이 한 예다. 동일한 맥락에서 구글, 테슬라, 애플 등 IT 기술 및 네트워크에 강한 업체들이 자동차산업에 진입하면서 주식시장에서는 내연기관 자동차도 전자장비와 통신기기로 가득 찬 전기차나 무인차로 대체될 것으로 기대하고 있다.

미국의 스마트폰 사용 시간 구성

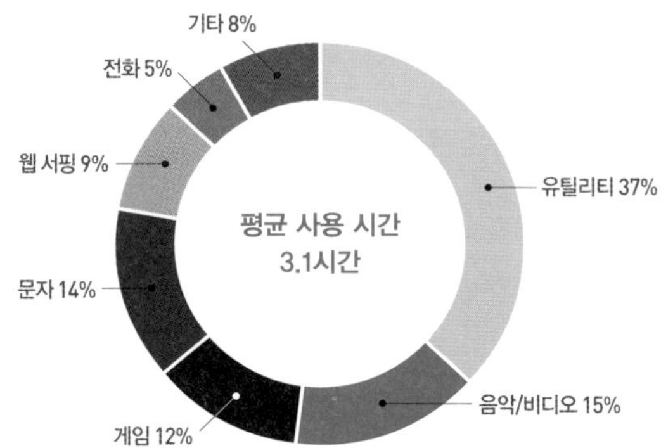

참고: 미국 스마트폰 사용자 기준
자료: International Smartphone Mobility Report, 삼성증권

미국의 연도별 자동차 운행시간 – 매년 운행 시간이 줄어들고 있어

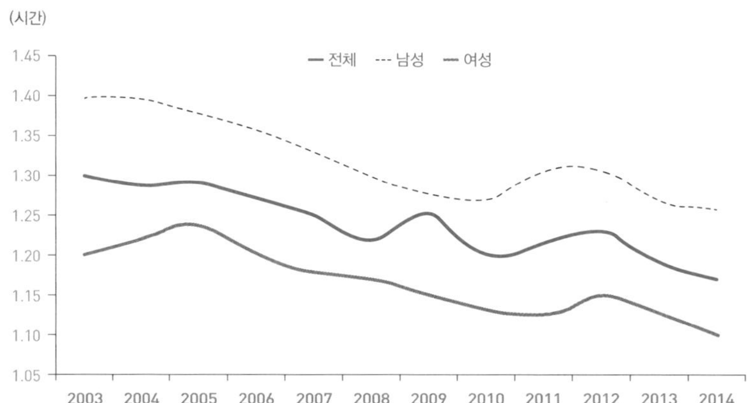

참고: 15세 이상 자국민 대상 통계
자료: 미국 노동통계국, 삼성증권

전통적인 자동차업체 vs 글로벌 IT업체

차량의 IT화는 시동, 구동, 정지, 방향 전환 등 기본적이면서 기계적이고 물리적인 운동을 좀 더 정확하고 효율적으로 할 수 있도록 하는 것이 목적이다. 전기차, 무인차와 수소연료전지차처럼 엔진이 모터로 완전히 대체되기 전의 모든 차량에서는 기계제어 기술이 차량 구동의 핵심이다. 늘어나는 전장부품들도 자동차에 장착되어 소비자에게 어필해야 한다는 측면에서 주도권은 여전히 완성차에 있다고 말할 수 있다.

다만, 완성차 메이커는 차량의 전장화, 시스템화, 모듈화 추세로 인해 차량의 구조해석 및 기술발전 면에서 1990년대 이전과 같은 주도권 및 가격 결정권을 장악하기가 힘들어졌다. 이제 완성차도 연비 규제에 대응해야 하며, 소비자에게 상품성을 어필하기 위해서는 IT업체, 화학업체 등 전통 자동차산업 외의 업체와 기술 개방 및 협력을 추구해야 경쟁력을 유지할 수 있게 됐다. 기계제어로 성장해온 자동차업체는 전기전자 및 소재 분야에서 해당 업체의 기술경쟁력을 앞설 수 없기 때문이다. 또한 어떠한 친환경 차량이 메인 기술이 될지 알 수 없는 상황에서 비용을 최소화하기 위해서라도 협력은 필수적이다.

기존의 글로벌 완성차업체와 글로벌 IT업체 간의 경쟁은 이미 시작되었다. 앞서 설명한 대로 자동차에 IT 기술이 접목되면서 기술 변화는 빨라졌고 전기차, 수소연료전지차 등 내연기관 대체 차량의 대중화 시점도 다가오고 있다. 스마트폰 시대를 거치면서 막대한 현금 자산과 브랜드를 거머쥔 IT업체들이 샤시 기술을 보유한 자동차업체를 M&A 하

글로벌 IT 및 자동차기업의 현금보유액(2015년)

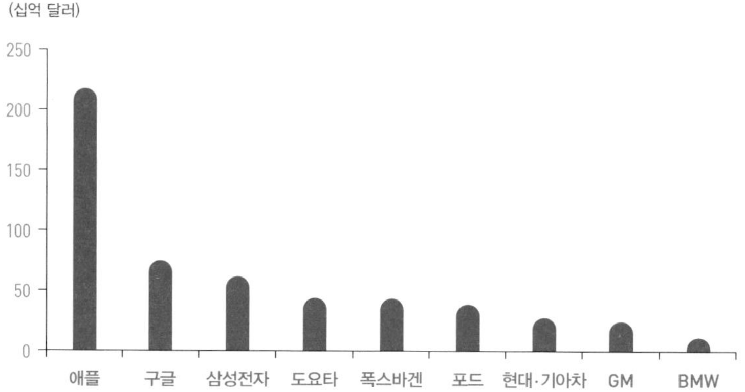

글로벌 IT 및 자동차 기업의 브랜드 가치(2015년)

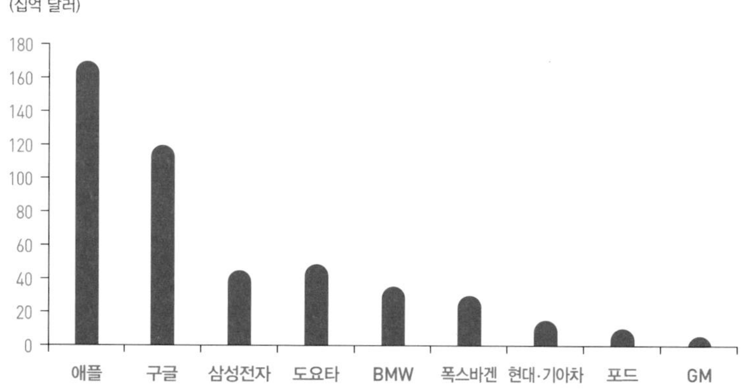

고 자신의 브랜드와 IT·네트워크 기술을 결합한다면 그 시기를 단축할 수 있다. 만일 향후 재규어Jaguar나 랜드로버Land Rover와 같이 이미 검증을 거친 완성차 메이커를 애플이나 구글이 인수한다면 단숨에 글로벌 자동차산업의 경쟁구도를 흔들어놓을 것이다. 이제 기술의 폐쇄성을 고집하는 완성차 메이커는 경쟁 환경에서 도태될 것이다. 또한 결국에는 고객의 충성도를 진입장벽으로 갖추고 있는, 브랜드 가치가 높은 완성차 메이커가 장기적으로는 가장 유리해질 것이다.

관련 자료 찾아보기 ❹
검색 키워드, '자동차회사와 IT기업의 경쟁'

'자동차회사/IT기업/경쟁', '구글/자동차/전략', '구글/애플/현대차'를 검색어로 관련 기사를 많이 찾아보기 바랍니다. 2000년대 초반만 하더라도 인터넷검색업체가 자동차업체와 경쟁 관계에 놓이게 될 것이라는 전망은 아무도 하지 않았습니다. IT 소프트웨어 분야에서 비교우위를 갖고 있는 IT기업이 기존 자동차업체를 인수한다면 현대차그룹은 과연 어떤 대응전략으로 맞서야 할지 여러분도 함께 고민해보기 바랍니다. 설령 채용 과정에서 이런 질문을 직접적으로 하지 않는다고 하더라도 이러한 내용들을 공들여 분석해둔다면 남과 차별화되는 자신만의 귀한 콘텐츠를 얻을 수 있을 것입니다.

HYUNDAI
MOBIS

03

경영 이슈: 그린이코노미를 완성시키는 스마트카

자동차업계의 주요 트렌드는 '친환경'이라는 키워드로 요약될 수 있을 것 같습니다. 환경오염에 대한 경각심이 높아지면서 전 세계적으로 배기가스 배출량을 줄이는 등 자동차 관련 규제가 더욱 강화되고 있기 때문이죠. 이에 자동차업체들은 내연기관의 연비를 향상시키고, 전기차 등 친환경차를 개발하는 데 기술력을 집중시키고 있습니다. 이와 동시에 안전장치 의무화도 늘어나는 추세인데, 이에 따라 관련 부품을 생산하고 있는 현대모비스에는 어떠한 영향을 끼치는지 살펴봅시다.

01
시장을 움직이는
주요 트렌드

연비 향상, 메이커 생존의 이슈

2014년 초 제네시스(프로젝트명: DH)를 시작으로 현대·기아차의 신차 출시 사이클이 시작되었으나 고객들의 신차에 대한 반응은 기대에 미치지 못했다.

제네시스 및 LF쏘나타의 경우에 안전성, 주행성능 등에서는 개선이 있었으나 디자인 측면에서 큰 변화가 없었고, 무엇보다도 연비 향상이 거의 이루어지지 않았기 때문이다. 제네시스는 미국시장 충돌 테스트 대비를 위한 안전성 강화 과정에서 차량 무게가 증가(+150kg/1,930kg)하면서 연비가 구형 대비 낮아졌다. LF쏘나타도 동일한 이유로 차량 무게가 증가(+45kg/1,460kg)하면서 구형 대비 연비 개선이 1.8%에 그쳤다.

LF쏘나타는 2014년 4월, 한국시장에서 모델을 공개하는 과정에서 공인연비를 수정(12.6km/ℓ→12.1km/ℓ)하는 일이 있었다. 또한 이로 인한 고객 이탈을 막기 위해 가격 인상을 2~4%로 제한하였다. 통상 신모델 출시 때마다 4~6% 가격 인상을 했던 것과 비교해보면 연비가 가장 중요한 상품경쟁력이 되었음을 알 수 있다. 그 후 출시된 지 2년이 지난 현재 LF쏘나타의 판매 성적이 부진하여 미국시장에서는 3,000달러의 인센티브를 지급하고 있으며 한국시장에서는 36개월 무이자할부를 실시하기도 했다.

Fig 47

LF쏘나타의 경쟁모델 비교

모델명	LF쏘나타 2.0	YF쏘나타 2.0	캠리 2.5	알티마 2.5	어코드 2.4	말리부	퓨전 2.0	SM5 2.0
연비 (km/ℓ)	11.6~12.1	11.9	11.5	13.3	12.5	11.6	10.3	12.6
마력 (hp)	168	172	181	180	188	141	234	141
한국시장 가격 (백만 원)	22.6~28.6	20.4~28.0	33.9	33.3~34.0	32.5~34.7	24.6~30.9	37.65	22.5~28.9

자료: 각 사

한국 및 미국시장의 쏘나타 판매대수 추이

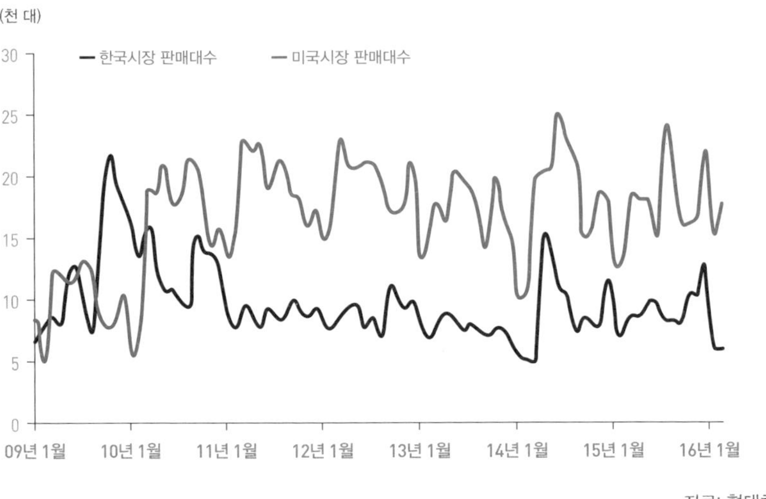

자료: 현대차

이제 연비는 자동차업계의 생존 이슈가 되고 있다. 완성차 메이커들은 내연기관의 연비 향상을 위해 터보차저(Turbo Charger, 자동차의 출력 등을 높여 연비 향상에 도움을 주는 엔진보조장치), DCT(Dual Clutch Transmission, 수동 변속기와 자동 변속기의 장점을 갖춘 변속 시스템) 장착 등 여러 가지 노력을 기울이고 있으나 이는 안전성 강화, 주행성능 강화 등의 또 다른 목적과 충돌되기도 한다. 내연기관의 연비 향상 폭은 제한적일 수밖에 없는데, 연비에 대한 소비자의 관심은 높아지고 있고 각국의 연비 규제는 더욱 강화되고 있어 친환경차 비중 확대가 필연적인 추세이다.

갈수록 까다로워지는 환경 규제

　주요 국가의 환경 규제를 살펴보면 먼저, 미국은 2009년 5월 오바마 대통령이 대폭 강화된 연비 규제안에 서명하면서 연방 연비 규제로 일원화하였다. 2012년부터 2016년까지 매년 5%씩 연비 기준을 높여 2016년 기준 35.5mpg(mpg는 'mile per gallon', 즉 휘발유 1갤런당 35.5마일 주행함을 의미, 15.1km/ℓ)으로 끌어올리고 배기가스 배출량을 지금보다 30% 이상 줄이는 것을 의무화했다. 2025년까지는 매년 4.7%씩 높여 54.5mpg(24km/ℓ)을 맞추어야 한다. 현대차의 경우 2013년 기준으로 승용차 28.1mpg, 경트럭 21.8mpg으로 평균 27.9mpg을 기록하면서 2016년 기준에 맞추기 위해서는 매해 6.2%의 연비 개선이 필요하다.

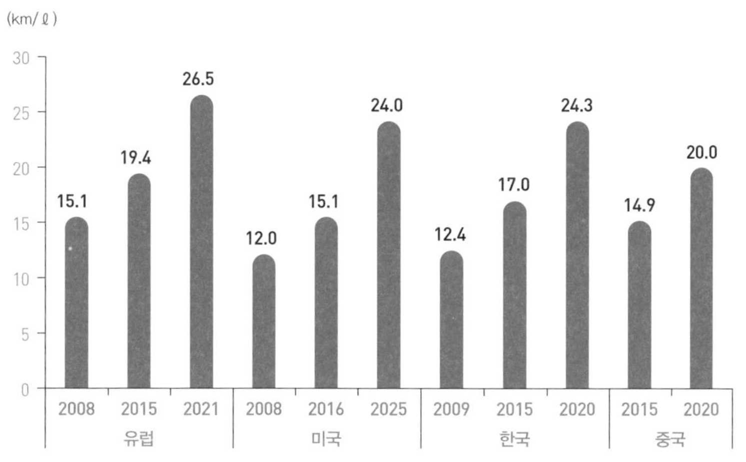

Fig 49

각국의 기준 연비 – 규제가 점점 강화되고 있어

연비 규제를 지키지 않았을 때 업체에 부과되는 벌금은 1마일당 55 달러이다. 예를 들어 연간에 50만 대를 판매하는 A업체가 2016년에 평균 연비 34.5마일을 기록, 기준 대비 1마일이 미달할 경우 27.5백만 달러를 벌금으로 납부해야 한다. 이에 따라 향후 완성차업체들은 기존 차량의 연비 개선 노력을 하는 동시에 친환경차 판매 비중 확대에 노력할 전망이다. 또한 2017~2021년에 판매되는 EV, PHEV, FCEV 등에는 인센티브가 부여된다. 특정 부품(공조 시스템 컴프레서 구동방식 변경 등) 사용 시에도 신용이 부여되며, 적립된 것은 향후에 사용할 수도 있다.

미국시장 내 메이커별 승용차 평균 연비(2014년 Model Year 기준)

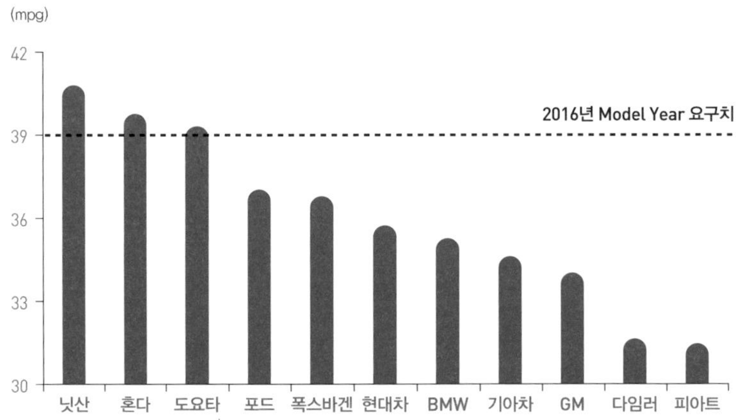

참고: Domestic Passenger Car 기준, 현대·기아차는 Imported Passenger Car 기준

자료: NHTSA

유럽은 글로벌 시장 중에 배기가스 규제가 가장 엄격한 시장이다. 기존에는 2012년에 CO_2 배출량을 130g/km로 감축하는 것을 목표로 하였으나 금융위기로 자동차업체들의 실적이 위축되면서 단계적 시행으로 변경하였다. 2012~2015년의 4년간에 걸쳐 단계적으로 도입하게 되면서 신차 기준 판매량의 2012년 65%, 2013년 75%, 2014년 80%가 적용되었고 2015년 이후부터는 모든 신차가 100% 기준을 맞추어야 한다.

2021년까지는 승용차의 평균 CO_2 배출량을 95g/km로 하는 장기목표를 설정하였다. 이를 맞추기 위해서는 차량의 평균 연비가 2015년에는 45.6mpg(19.4km/ℓ), 2021년에는 62.3mpg(26.5km/ℓ)까지 도달해야 한다. 2025년에는 차량의 평균 CO_2 배출량을 70g/km까지 감축하는 것을 검토 중이다.

미 준수 시 업체에 부과되는 벌금은 2020년까지는 구간별로 부과된다. CO_2 배출량이 0~1g 초과 시에는 g당 5유로, 1~2g 초과 시에는 15유로, 2~3g 초과 시에는 25유로, 3g 초과 시에는 g당 95유로이다. 한편, 이산화탄소 저배출 차량의 우대 혜택은 50g/km 이하의 차량으로 2016~2023년까지 1.5대로 가중치를 부여한다. 인센티브 제도로 인해 대형 차종이 주력인 독일 업체들은 전기차 및 플러그인 하이브리드 차량 출시에 매우 적극적이다.

현대·기아차는 A~C 세그먼트(유럽에서 자동차의 규격을 분류할 때 사용하는 단어. 차량의 전체 길이에 따라 A 세그먼트부터 F 세그먼트까지 분류하고 있음) 위주로 현재 규제 충족에는 문제가 없다. 그러나 중대형 모델 판매를 위

CO₂ 감축 목표	목표 미달 시 벌금
- 2012~2015년까지 CO₂ 배출 130g/km까지 감축	- 단위당 산출 벌금 X 판매대수[단위당 벌금]
2012년 전체 차량의 65%	5유로(0~1g/km 초과분)
2013년 전체 차량의 75%	15유로(1~2g/km 초과분)
2014년 전체 차량의 80%	25유로(2~3g/km 초과분)
2015년 전체 차량의 100%	95유로(3g/km 초과분)
- 2021년까지 95g/km 달성	ex) 3.5g 초과 시 (1x5+1x15+1x25+0.5x95)유로 x 판매대수

자료: ACEA

해서는 친환경차 판매가 필요하며 2016년부터는 친환경차 없이는 규제 충족이 어려울 것으로 예상된다.

중국의 경우, 연비 규제의 장기목표는 선진시장에 비해 낮은 수준이다. 기존에는 벌금제도가 없었으나 2015년부터 미 준수 업체의 생산을 제한하는 움직임을 보이고 있다. 최근 대기오염 및 교통체증이 사회적으로 심각한 문제로 떠오르면서 자동차 번호판 등록 제한 도시가 8개 도시로 확대되었다. 또한 전기차에 대한 적극적인 보조금 정책으로 전기차 수요 확대에 노력하고 있다.

한국의 연비 규제안은 유럽보다 낮지만 강력한 효과를 가져올 수 있는 저탄소차협력금제도가 2020년에 도입될 예정이다. 이는 이산화탄소 배출량이 높은 저연비 차량에 일종의 벌금을 부과하고, 이로써 고연비 차량에 세제혜택을 주는 것으로 프랑스에서 시행 중인 보너스 말러스Bonus-Malus 제도를 벤치마킹한 것이다. 중대형차 판매 비중이 높은 국내 자동차업계와 미국 업체의 반발이 예상되나 이미 2015년에 한 차

유럽의 메이커별 온실가스 배출 현황

CO₂(g/km)	2014 (A)	2015~ 2020 기준 (B)	2021 기준 (C)	2015~ 2020 차이 (A-B)	2021 차이 (A-C)	2015~2020 대당 벌금 (유로)	2021 대당 벌금 (유로)
폭스바겐	126	130	96	-4 (-3%)	30 (24%)		2,591
BMW	132	131	102	1 (1%)	30 (23%)	3	2,582
다임러	132	139	103	-8 (-6%)	29 (22%)		2,468
피아트	116	119	88	-3 (-2%)	28 (24%)		2,458
르노	114	124	90	-10 (-9%)	24 (21%)		2,002
PSA	110	125	92	-15 (-14%)	18 (16%)		1,480
현대	131	127	94	4 (3%)	37 (28%)	93	3,228
GM	131	131	96	-1 (0%)	35 (26%)		3,038
평균	124	128	95	-4 (-4%)	29 (23%)	48	2,481

자료: ACEA, IHS

레 도입이 연기되었고 글로벌 트렌드를 감안할 때 아예 무효화 되기는 어려울 것이다. 보너스 말러스 제도가 도입되면 국내 메이커의 판매 비중이 높은 중형차가 중립 구간에 속한다 해도 벌금이 부과되는 대형차 수요는 위축될 것으로 예상된다. 대신 하이브리드 차량과 같은 친환경 차의 비중이 확대되는 계기가 될 것으로 보인다.

저탄소차협력금제도(최초 환경부 검토안)

(단위: 천 원)

구분	CO_2 배출량 (g/km)	2015년	2016년	2017년	주요 차종(자동변속기 기준)
보조금	71~80	3,000	3,000	2,000	프리우스
	81~90	1,000	1,000	500	시빅하이브리드, 푸조 208 1.4 ℓ
	91~100	500	500		렉서스 CT200h, BMW 320d, 쏘나타HEV, K5HEV
중립	101~110				골프 1.6TDI, 푸조 508 1.6 ℓ
	111~120			250	BMW 520d, 벤츠 E220 CDI, 액센트, 아반테 1.6디젤, 스파크
	121~125		250		아반테 1.6GDI, 액센트, 프라이드, K3 1.6GDI, 레이 1.0CVT
부담금	126~130	250	500	500	액센트 1.4 ℓ , i30 1.6GDI
	131~140	500	800	1,000	BMW 740d, 싼타페, 쏘렌토, 크루즈 1.4~1.8 ℓ , SM5
	141~150	750	1,200	1,500	K5, 쏘나타 2.0 ℓ , 스포티지, 투싼 2.0 ℓ , 크루즈 디젤, 쏘울
	151~160	1,000	1,500	2,000	그랜저, K7 2.4GDI, 캡티바, 말리부 2.0, QM5 2.0 ℓ
	161~170	1,500	2,000	3,000	그랜저 3.0GDI, 알페온 2.4, 코란도C
	171~180	3,000	3,500	5,500	카니발 2.2, 카렌스 2.0LPI, SM7 2.5, 렉스턴 4WD
	181~190	5,000	5,500		제네시스, K9 3.3GDI, 알페온3.0, 캡티바 2.2디젤, SM7 3.5
	191~200			7,000	
	201~	7,000	7,000		에쿠스 3.8GDI, 모하비 3.0 4WD, 체어맨 2.8, 3.2, 체어맨W

자료: 환경부

연비 관련 이슈 알아두기

연비와 관련된 이슈에 대해서 철저히 학습해둡시다.

자동차부품산업의 첫 번째 이슈가 바로 연비인 만큼 여기 본문의 내용을 중심으로 관련 내용을 잘 숙지해두기 바랍니다. 세세한 내용까지 요구하지는 않겠지만 자동차 메이커별 연비 향상 노력은 어떠한지, 현대·기아차의 현황과 글로벌 비교 우위 수준은 어느 정도인지 등 체크 포인트를 갖고 정리해보기 바랍니다. 현대모비스 직원이 되고자 한다면 회사가 고민하고 있는 주제나 영역에 대해 함께 고민해보는 자세가 매우 중요합니다. 자소서나 면접에서 이런 내용과 관련한 질문이 나왔을 때 한두 개라도 제대로 준비되어 있다면 큰 경쟁력이 될 수 있습니다.

02

친환경차시장을
공략하라

2020년, 10대 중 1대는 친환경차

연비 강화 트렌드에 맞추어 친환경차 수요가 빠른 성장세를 기록하고 있다. 수요 전망기관마다 다르지만 자동차 수요 전문기관인 IHS는 하이브리드 등 친환경차 규모를 2020년 글로벌 시장 수요의 10%로 전망하고 있다. 글로벌 자동차 수요는 2019년에 1억 대를 돌파할 전망이며 IHS 전망대로라면 친환경차는 연간 1,000만 대에 도달하게 된다. 물론 아직까지 친환경차로 불리는 하이브리드, 플러그인 하이브리드, 전기차, 수소연료전지차 중 어느 기술이 대세가 될지는 불확실하다.

친환경차 진행 방향

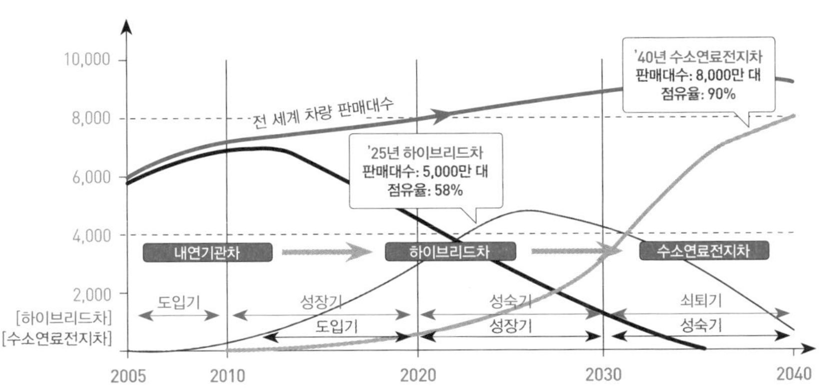

모터 활용도에 따른 친환경차 구분

구분	하이브리드(HEV)	플러그인 하이브리드 (Plug-in HEV)	전기차(EV)	수소연료전지차(FCEV)
특징	엔진+모터(보조동력)	모터로 주행 가능	모터만으로 주행	수소/산소로 전기 발생
구조				
사용 동력	엔진+모터	엔진+모터	모터	모터
주입 연료	가솔린	가솔린/전기	전기	수소
별도 인프라	필요 없음	전기충전 인프라 필요	전기충전 인프라 필요	수소충전 인프라 필요
개발 과제	일반차 대비 가격 상승분 최소화	전기충전 인프라 구축 및 급속충전 기술개발 배터리 성능 향상		수소충전 인프라 구출 고가의 부품가격 인하

업체별 친환경차 전략

구분	현대·기아차	도요타	혼다	닛산	GM	포드	폭스바겐
HEV	●	●	●	●	●	●	●
PHEV		●	●		●	●	●
EV	●	●	●	●			●
FCEV	●	●			●	●	

참고: ●표시는 모델 출시, ●표시는 중점 육성 부분

자료: 각 사

하이브리드차는 2012년 147만 대(+78% YoY)를 기록하며 대중화 시대에 접어들었다. 2013년에는 성장세가 둔화되었지만 153.3만 대(+4.0% YoY)를 기록하였다. 유가 하락과 함께 전체적으로 하이브리드차 수요가 줄어들었지만 미국 및 일본에서 하이브리드차는 보조금 없이도 수익성을 낼 수 있는 자생적 성장 단계에 접어들었다.

전기차의 경우, 2013년에 총 판매대수는 9.5만 대(+111.1% YoY)로 절대 규모는 미미하지만, 테슬라의 돌풍에 힘입어 전년 대비 2배의 성장세를 기록하였다. 2014년에는 BMW의 i시리즈가 본격화되며 전기차의 성장을 견인하고 있다. 플러그인 하이브리드차의 판매대수는 2013년에 5.2만 대(+17.6% YoY)로 전기차에도 못 미치는 실적을 기록하였으나 폭스바겐 등 독일 업체들이 신차 출시를 준비하고 있어 2015년 이후 고성장이 예상된다. 전기차와 플러그인 하이브리드차는 비싼 배터리 가격과 충전시설 및 충전시간의 불편함으로 수익성을 내고 있지 못하기 때문에 정부의 정책이 수요에 중요한 역할을 한다.

전기차시장에 적극적으로 뛰어든 중국

현재 미국 정부보다는 중국 정부가 전기차 육성에 더 적극적이다. 중국 정부는 자국 업체와 선진 업체 간의 기술 격차를 축소하기 위해 100년간의 기술이 축적된 내연기관보다는 전기차 성장을 독려하고 있다.

정부의 전기차에 대한 보조금은 최대 4.4만 위안(700만~800만 원)이며 저가 전기차에 대해서는 소비세(10%)를 2017년까지 면제해준다. 2016년까지 관공서의 전기자동차 신차 구입 비율을 30%까지 높이기로 했다. 인프라 측면에서는 2014년 전기차 충전소 723곳, 간이충전대 2만 8,000개에서 2015년 말까지 충전소 2,000곳, 40만 개의 충전기를 설치한다는 계획이다. 자동차 구매 제한이 있는 대도시에서 번호판 거래 가격이 8만 위안(1,400만 원)에 이르는 점도 친환경차 수요 증가 요인으로 꼽힌다. 전기차 및 PHEV를 구입할 경우에는 구매 제한을 받지 않는다.

그럼에도 아직까지는 여러 가지 장애물로 인해 기대치에 비해 친환경차의 수요 성장률은 매우 낮다. 중국 정부의 친환경차 판매 목표는 2015년에 50만 대, 2020년에는 500만 대였으나 2014년에는 하이브리드차 8,700대를 포함하여 8.3만 대(+225% YoY)를 판매하는 데 그쳤다. 2015년에는 33.1만 대로 폭발적인 성장세를 보였지만, 이는 중국 자동차 수요의 1.5% 수준에 불과하다. 중국시장에서 친환경차 수요 증가의 가장 큰 장애물은 중국 소비자들 대부분이 첫 차를 구매하는 고객이라는 점

중국시장의 EV와 PHEV의 수요 및 성장률

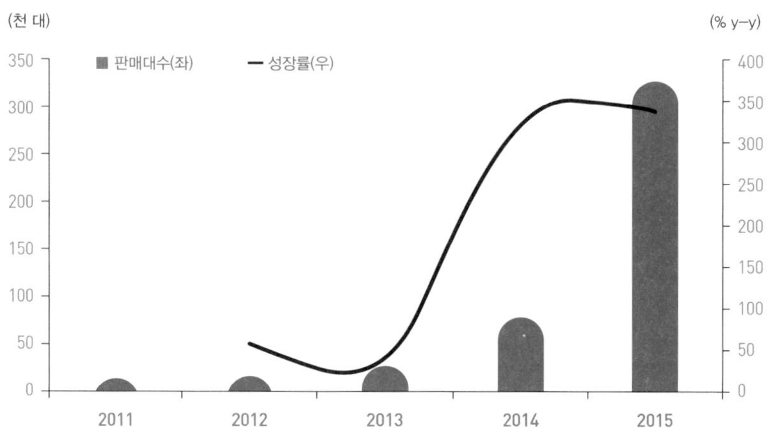

자료: CAAM

미국시장의 EV와 PHEV의 수요 및 성장률

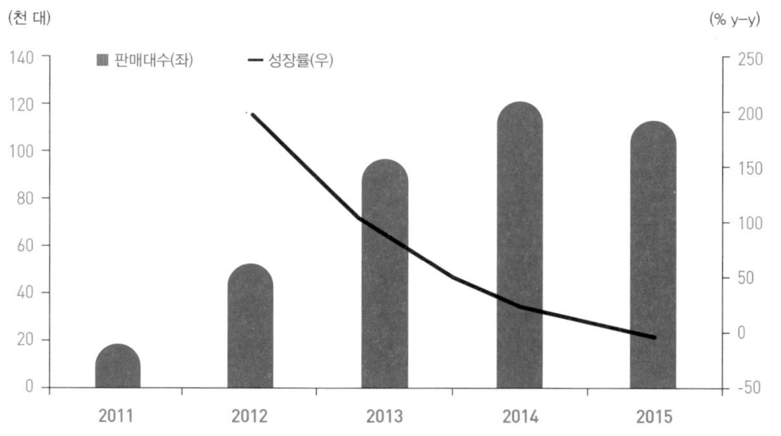

자료: Auto Data Bowl

이다. 중국시장은 첫 차 구입 고객이 전체 수요의 70% 이상을 차지하고 있어 전기차나 PHEV를 첫 차로 사기에는 부담스럽다. 또한 주거 환경이 한국과 비슷한 아파트 위주로 충전소 설치도 쉽지 않다.

전 세계 공통적으로 부정적인 부분이라 꼽히는 전기차의 짧은 주행거리 및 긴 충전시간은 항상 거론되는 이슈다. 2014년 말부터 급락한 유가도 전기차에 대한 매력을 낮추고 있다. 그 외 매력적인 전기차 모델이 없다는 점도 단점이다. 테슬라의 성장은 전기차가 소형차 위주이고 디자인이 별로라는 편견을 깼지만 6.2만~9만 달러에 이르는 비싼 가격으로 인해 대중성이 떨어진다. PHEV인 BMW i8도 15만 달러를 상회한다.

여러 가지 단점을 감안할 때 전기차 보급을 위해서는 비즈니스 모델 변화가 필요하다. 다임러는 '카투고(Car2go)'를 통해 전기차 렌탈 서비스를 제공하고 있다. 중국에서도 글로벌 업체들과 동일하게 친환경차 보급을 위해서 렌탈 및 카셰어링 비즈니스를 시작하였다. SAIC, BAIC, 지리Geely에 의해 10개 이상의 대도시에서 전기차 렌탈 서비스를 제공 중이다. 중국의 자동차업체인 지리는 칸디Kandi와 JV를 설립하여 소형차를 대여해주고 있다. 2인승 모델은 시간당 20위안이고 4인승 모델은 시간당 25위안이다. 이렇게 대여되는 소형 전기차는 도시 내에서 80km 거리를 최대 80km/h의 속도로 이동할 수 있다.

BAIC는 시간당, 일 단위, 주 단위 등으로 렌탈 서비스를 제공한다. 주로 대학교 및 IT산업단지를 중심으로 서비스를 제공하고 있으며 E150 및 Saab C70 차량을 제공하고 있다. 주행거리는 150~160km로 지

지리의 렌탈 전기차 Kandi K10와 Kandi K11

자료: 지리

리의 모델에 비해 길다.

Pengcheng Electric Vehicles사는 전기차 택시회사이다. 2010년에 설립되어 초기에는 충전소 부족으로 적자를 기록하였으나 중국 정부의 충전소 확대 및 보조금 정책에 힘입어 2013년에 흑자 전환하였다. 현재 베이징, 텐진, 상하이에서 운영 중이며 다른 대도시에서도 전기차 택시를 검토 중이다.

현대차그룹, 전통시장 지키면서 새로운 시장 겨냥하다

현대차그룹은 2020년까지 파워트레인의 혁신 및 친환경차 라인업 확대를 통해 25%의 연비 향상(2014년 12.3km/ℓ → 2020년 15.4km/ℓ)을 목표로 하고 있다.

자동차의 엔진 및 트랜스미션으로 구성된 파워트레인은 100년 동안 축적되어온 기술이다. 흔히 엔진은 자동차의 심장이라고 표현할 만큼 각 메이커의 기술과 철학이 집약되어 있는 가장 중요한 부품이다. 현대차그룹은 2017년부터 2020년까지 총 10개의 엔진 가운데 7개의 엔진을 교체할 예정이며, 변속기도 다양화할 계획이다.

가솔린엔진 부문에서는 터보엔진 수 확대 및 중형 세단용 엔진(누우)과 소형차 엔진(카파) 개선이 중심이다. 디젤엔진은 산타페, 소렌토에 적용되는 R엔진을 대체할 신형 디젤엔진을 개발 중이다. 변속기는 최고 8단인 후륜 변속기를 10단 이상으로 개선하는 등 변속기 다단화 및 DCT 장착을 추진 중이며 DCT는 신형 투싼 TL의 1.7리터 모델에 기본 장착되기 시작했다. 이 같은 계획으로 가솔린엔진은 11~13%, 디젤엔진은 16~18%, 변속기는 2~9%의 연비 개선을 목표로 하고 있다.

Fig 60

현대차그룹의 2020 연비 향상 로드맵

방안	세부 내용
차세대 파워트레인 개발	신형 엔진 개발 및 변속기 다단화, 10개 종의 엔진 라인업 중 70%를 차세대 엔진으로 대체 가솔린엔진 11~13%, 디젤엔진 16~18%, 변속기 2~9%의 연비 향상 기대
주요 차종 경량화	초고장력 강판 및 경량소재 대폭 적용 초고장력 강판 비율 2014년 33~52% → 2018년 48~62% 고강도 알루미늄 휠, 발포플라스틱 도어내장재 등 경량소재 대폭 적용
친환경 라인업 확대	하이브리드, 전기차, 수소연료전지차 등 친환경차 모델 7개에서 26개로 확대

자료: 현대차

친환경차는 현재 7개에서 26개 라인업으로 확대할 계획이다. 또한 수소연료전지차를 글로벌 업체 중 가장 먼저 상용화 하고 유럽에 75대를 수출하는 등 2025년까지 1만 대를 판매할 계획이다.

한편, 친환경차 보급은 연비 규제에 부합하기 위한 목적도 있지만 기술 축적에도 의미가 있다. 구동모터, 전기제어, 2차 전지 시스템, 전기공조 등은 모든 형태의 친환경차에 공통적으로 적용되기 때문에 기술을 축적시킬 필요가 있다. 또한 이 같은 기술은 일반 내연기관차에도 확대 적용되면서 연비를 향상시킬 수 있기 때문이다.

Fig 61

현대차그룹의 2020 차세대 파워트레인 개발 계획

구분	현행	개발 방향
가솔린엔진	카파, 감마, 누우, 세타 II, 람다 II, 타우	기종 획기적 확대 - 신형 엔진 개발 - 엔진 성능 개선 - 터보엔진 기종 수 확대
디젤엔진	U, R, A, S	고효율 신형 엔진 개발 - 조기 개발 완료
변속기	카파 4속, 카파 CVT, 카파 6속, 세타 6속, 람다 6속, 감마 6속 DCT, 감마 7속 DCT, 람다 8속, 람다 후륜 8속	변속기 기종 수 확대 - 신형 변속기 개발 - 전달효율 개선 - 다단화 확대

자료: 현대차

현대차그룹의 2020 친환경차 라인업 확대 계획

구분	현재	2020
하이브리드	6개 차종: 쏘나타 HEV, 그랜저 HEV, 아이오닉 HEV, K5 HEV, K7 HEV, 니로 HEV	10개 차종: 2014년 말 LF쏘나타 하이브리드 출시 동급 최고 수준 연비의 전용차 개발
플러그인 하이브리드	2개 차종: 쏘나타 PHEV, K5 PHEV	8개 차종: 2015년 쏘나타 PHEV 출시, 준중형 모델로 확대
전기차	3개 차종: 아이오닉 EV, 쏘울 EV, 레이 EV	6개 차종: 신 전기차 출시, 1회 충전 주행거리 확대, 차세대 배터리 연구 활성화
수소연료 전지차	1개 차종: 투싼 FCEV	2개 차종: 차세대 연료전지차 개발

자료: 현대차

관련 자료 찾아보기 ❺
검색 키워드, '친환경자동차 트렌드'

'친환경자동차 트렌드'를 키워드로 관련 보고서나 언론 기사들을 탐색해 보기 바랍니다. 2015년에 발생한 폭스바겐 사태도 결국은 친환경자동차의 중요성을 다시 한 번 확인시켜준 사례입니다. 친환경자동차는 대세이지만 막대한 투자비와 개발 비용이 수반될 뿐만 아니라 기술 개발의 속도도 담보되어야 하는 영역입니다. 기술 관련 내용을 자세하게는 모르더라도 친환경자동차의 주요 이슈가 어떻게 논의되고 있는지에 대해서는 잘 이해하고 있어야 합니다. 또한 '테슬라 전기차'를 키워드로 친환경 자동차시장의 최근 흐름에 대해 구체적으로 살펴보기 바랍니다. 친환경 자동차가 갖고 있는 양면성(친환경 VS 주행 성능)이 어떤 기술에 의해서 진화하고 있는지도 살펴보기 바랍니다.

03

더 안전하게,
더 스마트하게

안전장치 장착 의무화

교통사고 사상자를 줄이기 위한 노력은 선진국을 중심으로 지속적으로 이어져왔다. 세계보건기구(WHO)에 의하면 2013년에는 전 세계의 교통사고 사망자 수가 124만 명에 달했는데, 조금 더 안전한 세상을 만들기 위해 각종 교통정책 및 안전부품 도입을 강화하고 있는 것이다. 2000년대 들어서부터는 자동차에 IT 기술을 융합하여 안전성이 뛰어난 '스마트카' 개념이 대두되었다.

미국은 2007년부터 TPMS(Tire Pressure Monitoring System, 타이어 공기압 자동감지 시스템)를 모든 신차에 의무적으로 장착하게끔 하였고, 2011년부터는 ESC(Electronic Stability Control, 차체자세 제어장치)를 의무적으로 장착하도록 하였다. 이에 NHTSA(National Highway Traffic Safety Administration, 미국

지역별 10만 명당 교통사고 사망자 수

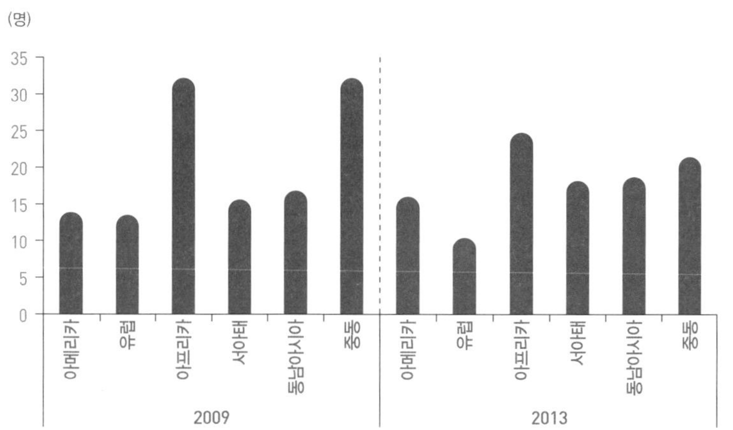

도로교통안전국)에 의하면 2008~2010년 사이에 ESC 장착으로 인한 사망자 수가 2,200명 감소한 것으로 나타났다. 유럽은 2014년에 ESC 및 TPMS를 모든 신차에 장착하도록 하였다. 미국 및 유럽이 이러한 규제를 도입한 이후, 한국 등 자동차 보급화가 어느 정도 진행된 나라에서도 안전장치를 의무화하는 추세이다.

과거 안전장치는 사고 발생 시 승객을 보호하는 패시브 시스템passive system 위주였으나 현재는 위험을 미리 감지하고 사고를 예방하는 액티브 시스템active system으로 변하고 있다. 또한 승객뿐 아니라 보행자 보호까지 포함하는 것으로 진화했다. 이처럼 적극적인 안전장치를 ADAS라고 부른다.

이러한 첨단 안전장치의 도입을 가속화하는 것은 신차평가기관(NCAP: New Car Assessment Program)의 충돌테스트다. 규제만큼의 강제성은 없지만 충돌테스트는 첨단 안전장치에 대한 신기술을 검증하고 부정적 효과를 제거하면서 시장 진입을 가속화하고 있다. ESC 및 TPMS와 같은 부품의 경우에도 의무장착이 도입되기 전 먼저 충돌테스트를 거쳐 효과를 검증하였다.

미국은 2011년부터 FCW(Forward Collision Warning, 전방 충돌경고 시스템) 및 LDWS(Lane Departure Warning System, 차선이탈 경고 시스템)를 적용하면 높은 점수를 주고 있다. 이 중 FCW의 경우 2016년에 의무장착이 시행될 예정이며, LDWS는 시점을 조율 중이다. 유럽은 2014년에 AEBS(Advanced Emergency Braking System, 비상 브레이크 시스템) 및 LDWS를 충돌테스트에 적용했다. 또한 보행자 안전장치를 2013년 충돌테스트 항목에 포함시켰다.

미국의 NHTSA는 매년 자체적인 검사(Five-Star Safety Rating Program)를 통해 여러 자동차의 안전등급을 발표한다. 안전등급에 따라 차량의 보험료가 달라질 뿐 아니라, 안전성이 또 하나의 상품경쟁력이 되기 때문에 완성차업체는 별 5개를 받기 위해 충돌테스트 기준에 맞추어 기술을 발전시켜왔다. 한국충돌테스트기관인 KNCAP에 따르면 충돌테스트에 포함되기 시작한 부품의 경우 2년이 경과하면 양산차의 80% 장착률을 보인 것으로 나타났다.

첨단 안전부품 용어 설명

안전부품	기능
SPAS	SPAS(Smart Parking Assistance, 스마트 주차지원 시스템)는 차량에 부착된 초음파 센서를 이용하여 운전자의 주차를 지원하는 시스템. 차량의 후반부에 초음파 센서가 주차공간을 감지하여 자동으로 조향장치를 제어함.
AFS	AFS(Adaptive Front Lighting System, 가변형 전조등 시스템)는 헤드램프를 주행 각도와 속도에 맞춰서 수평으로 비추어줌으로써 운전자의 야간주행에 도움을 주는 시스템.
TPMS	TPMS(Tire Pressure Monitoring System, 타이어 공기압 자동감지 시스템)는 타이어에 부착된 자동 감지 센서가 타이어의 공기압과 온도 따위를 항상 적정한 상태로 유지시켜 타이어의 내구성과 승차감, 제동력 등을 향상시켜주는 장치.
PCS	PCS(Pre-Crash Safety, 사전 충돌방지 장치)는 직면할 충돌 위기 상황을 미리 감지하여 도움이 될 수단들을 작동시킴으로써 사고의 위험을 줄이는 장치.
LDWS	LDWS(Lane Departure Warning System, 차선이탈 경고 시스템)는 차량의 센서로 도로의 라인을 검출하여 차량이 라인을 벗어났을 경우 운전자에게 이를 알려 경고해줌으로써 사고를 미연에 방지함.
SCC	SCC(Smart Cruise Control, 적응형 순항 제어장치)는 가속 페달과 브레이크 페달을 사용하지 않고, 운전자가 설정한 속도로 자동주행 차량 전반부에 부착되어 있는 레이더 센서를 통하여 앞차와의 거리를 자동으로 유지하는 장치.
ESC	ESC(Electronic Stability Control, 차체자세 제어장치)는 운전자의 스티어링 휠 조작과 차의 회전 상태를 비교·판단하고 각 바퀴의 브레이크를 개별적으로 제어함으로써 차의 움직임을 안정시키는 장치.

주요 국가 안전장치 장착 의무화 현황

구분	EU	미국	한국	브라질	러시아
ESC	2011년 11월, 의무화	2011년, 의무화	2012년, 의무화	-	2014년, 의무화
TPMS	2013년 11월, 의무화	2007년 9월, 의무화	2013년, 의무화	-	2016년, 의무화
BAS	2009년 11월, 의무화	-	-	-	-
ABS	-	-	-	2014년, 의무화	-

자료: EC, NHTSA, EPA

한국 충돌테스트 도입 일정

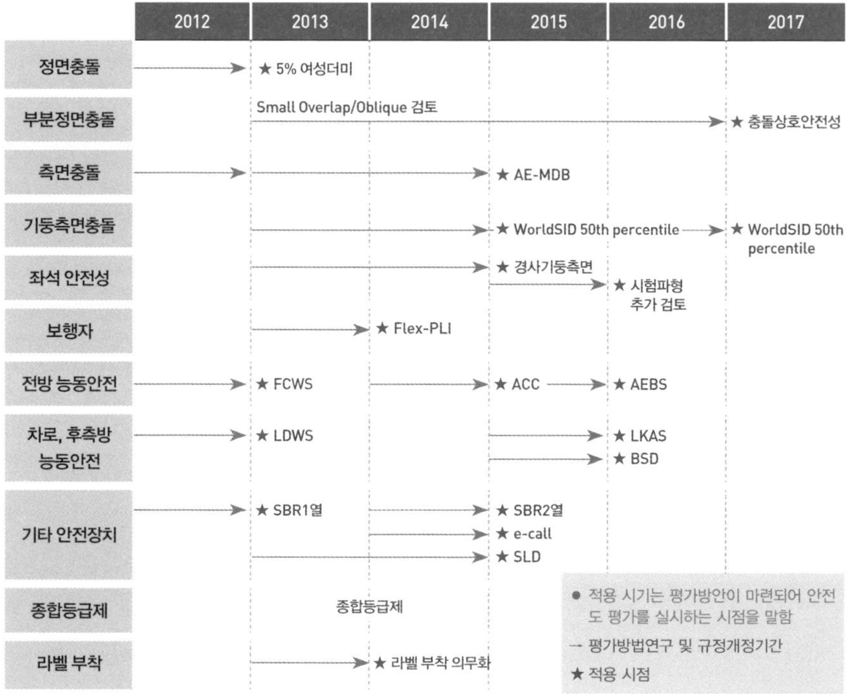

자료: KNCAP

'회생제동 브레이크 시스템'에 대해 간략하게 알아둡시다.

현대모비스 홈페이지에 있는 모비스 뉴스(2015년 11월 20일자)를 보면 현대모비스가 세계에서 두 번째로 '차세대 전동식 통합 회생제동 브레이크 시스템' 개발에 성공했다는 내용이 올라와 있습니다. iMEB(Integrated Mobis Electronic Brake)로 이름 붙여진 이 장치는 현대모비스의 친환경 및 안전장치 개발 의지를 잘 보여주는 사례입니다. 안전장치에 대한 본문의 내용 정도는 당연히 익히면서 현대모비스의 최근 기술개발 사례들도 잘 챙겨보기 바랍니다.

ADAS 도입의 수혜

컨설팅업체인 스트래티지 애널리틱스Strategy Analytics에 의하면 ADAS의 시장 수요는 2013년 60억 달러에서 2020년 188억 달러로 CAGR 18%의 성장이 예상된다. ADAS 중 충돌테스트 등으로 초기 도입이 예상되는 사각지대 감지(BSD: Blind Spot Detection), 안전거리 경고(DW: Distance Warning), 차선이탈 경고(LDW: Lane Departure Warnings)의 3개 부품은 2013년 25억 달러에서 2020년 95억 달러로 CAGR 21%의 성장이 예상된다.

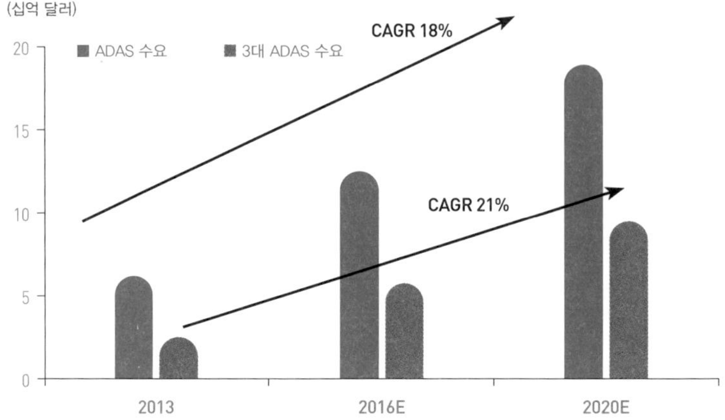

안전과 관련된 ADAS가 차량에 포함되면 위험을 감지하는 것에 필요한 ECU, 센서류 외에 위험을 감지한 후 차량을 구동시키는 전자식 조향장치(EPS: Electric Power Steering, 현대모비스는 'MDPS'로 명칭) 및 제동장치 (ESC)가 기본으로 장착하게 된다. 이러한 연관성으로 ADAS를 개발하는 부품사들은 대부분 조향 및 브레이크 시스템업체다. 한국에서도 현대모비스와 만도가 ADAS를 적극적으로 개발하고 있으며 현대·기아차의 고급차를 중심으로 납품하고 있다.

ADAS가 옵션으로 들어가는 모든 차량에 EPS 및 ESC가 장착되면서 결국 ADAS 도입으로 수혜가 가장 큰 부품사는 조향 및 브레이크 부품사이다. 한 차종을 위해 전자식 및 유압식의 조향 및 브레이크를 동시에 개발하면 원가가 상승하기 때문에 전 모델에 전자식 조향 및 브레이크를 적용한다. 현대차의 LF쏘나타에는 SCC(Smart Cruise Control, 지능형 자동순항 시스템) 및 EPB(Electronic Parking Brake, 전자제어식 주차 브레이크)가 옵션으로 포함되어 있다. 기존에 그랜저 이상에만 포함되던 옵션 사양이 중형차인 LF쏘나타까지 내려왔는데 그랜저 대비 쏘나타의 글로벌 판매량은 4배 이상이다. 첨단 안전장치가 중형차까지 내려옴으로써 한국시장에서 가장 많은 수혜를 얻을 것으로 예상되는 부품사는 브레이크 및 조향을 100% 담당하는 현대모비스와 만도이다.

완성차의 비용 증가 문제

친환경차 및 차량의 전장화는 완성차의 비용 증가를 의미한다. 2013년 이후 글로벌 완성차의 주가는 사상 최대의 실적 갱신에도 금융위기 이전보다 낮은 밸류에이션Valuation을 받고 있다. 이는 중장기적으로 친환경차의 메인 기술에 대한 불확실성 및 친환경차, 전장 등 완성차의 비용 부담 및 경쟁 심화를 반영하고 있다고 판단된다.

규제 강화에 따라 완성차업체의 비용 부담 증가는 불가피하다. 하이브리드 자동차가 대중화 시대에 접어들었지만 연간 100만 대 이상을 판매하는 도요타만 가솔린 차량과 동일한 수익성을 내고 있다고 알려져 있다. 2013년에 주식시장을 열광하게 만들었던 전기차업체인 테슬라 역시 높은 차량 가격에도 불구하고, 차량 판매 수익보다는 탄소배출권 거래에 따른 수익에 의존하고 있다.

전장부품의 경우에도 전통적인 유압식 부품보다 3~4배가 비싼 형편이다. 브레이크 시스템인 CBS(Conventional Brake System) 대비 ESC의 평균 판매단가(ASP)는 3배가 비싸다. NHTSA에 의하면, 2025년 연비 규제 54.5mpg를 충족하기 위해서는 대당 2,000달러의 비용 추가가 예상된다.

완성차업체가 비용 부담을 제품가격에 전가하기 위해서는 브랜드 가치가 필요하다. 전장 및 친환경차의 도입이 독일의 고급차 브랜드, 도요타 등 글로벌 시장에서 브랜드 가치가 높은 메이커를 중심으로 이루어지는 것도 이러한 이유에서다. 또한 완전경쟁시장인 자동차시장에서 모든 비용을 소비자에게 전가하는 것은 불가능하기 때문에 완성차업체는 플랫폼 통합, 부품사와 비용 분담 등 원가절감 노력을 전개하고 있다.

현대·기아차는 브랜드 가치 열세로 비용 부담을 제품가격에 전가시키기 어려워 원가절감에 더 노력을 기울일 것으로 예상한다. 현대·기아차는 폭스바겐과 더불어 플랫폼 통합 전략을 가장 잘 수행하고 있는 업체이다. 향후에는 부품 공용화와 핵심부품의 내재화 및 국산화 등을 통해 원가절감 노력을 진행할 계획이다.

자동차 관련 일반 자료들은 책을 참고할 수도 있고 인터넷상의 수많은 블로그를 참조할 수도 있습니다. 현대차그룹에 지원하는 취업준비생이 참고하기에 가장 적합한 곳은 한국자동차산업연구소 홈페이지(http://kari.hyundai.com)입니다. 한국자동차산업연구소는 현대차그룹 산하의 연구소입니다. 자동차그룹의 연구소답게 최근의 자동차산업 동향과 부품산업의 현황, 발전 방향 등에 대한 좋은 리포트와 자료들이 많이 올라와 있습니다. 'CEO Report'를 참고하시면 현대차그룹이 최근에 가장 관심 갖고 있는 분야가 무엇인지도 알 수 있습니다.

'스마트카'를 키워드로 관련 내용들을 잘 읽어보기 바랍니다. 본문에서 다뤄진 자동차산업의 주요 트렌드는 스마트카 시대를 여는 키워드들이기도 합니다. IT 기술의 발달이 친환경, 안전장치, 조향장치 등의 영역과 제대로 결합될 때 진정한 스마트카로 완성될 것이기 때문입니다. 스마트카의 밑그림이 어떤 기술과 장치들을 통해서 논의되고 있는지의 관점에서 읽어보면 향후 펼쳐질 자동차산업의 미래상을 이해하는 데 참고가 될 것입니다.

HYUNDAI
MOBIS

경영 요소: 완성차와 부품사의 최상의 시너지

현대모비스의 사업은 크게 A/S부품, 모듈조립, 핵심부품으로 구성되어 있습니다. 이번에는 현대모비스의 각 사업부별 사업 내용과 매출 현황 등에 대해 자세히 알아보고자 합니다. 이번 챕터를 꼼꼼히 읽는다면 현대모비스가 어떠한 부품들을 생산하여 자동차의 성능을 향상시키고 원가절감에 기여하는지 잘 알 수 있을 겁니다. 또한 글로벌 6위 부품사인 현대모비스가 한 단계 더 성장하기 위해 어떠한 비전과 목표를 가지고 있는지도 눈여겨봅시다.

01
현대모비스의
주요 사업부와 핵심기술

3개의 사업부로 구성

현대모비스의 사업은 크게 A/S부품, 모듈조립, 핵심부품으로 구성되어 있다. 2014년 기준 매출액은 36조 1,849억 원으로 사업부별 비중은 A/S부품 17%, 모듈조립 51%, 핵심부품 29%이다. 2014년 기준 영업이익은 3조 705억 원으로 사업부별 비중은 A/S부품 42%, 모듈조립 15%, 핵심부품 43%이다.

금융 부문 매출은 현대라이프생명이라는 보험자회사의 매출이다. 보험자회사에 대한 지분율이 59.94%여서 현대모비스의 연결자회사로 인식되었으나, 2015년 3분기에 대만의 푸본생명에 제3자 유상증자가 이루어지면서 현대모비스의 지분율이 30.38%로 낮아졌다. 이로 인해 현대라이프생명이 지분법자회사로 변경되면서 연결실적에

사업부별 매출 비중(2014년)

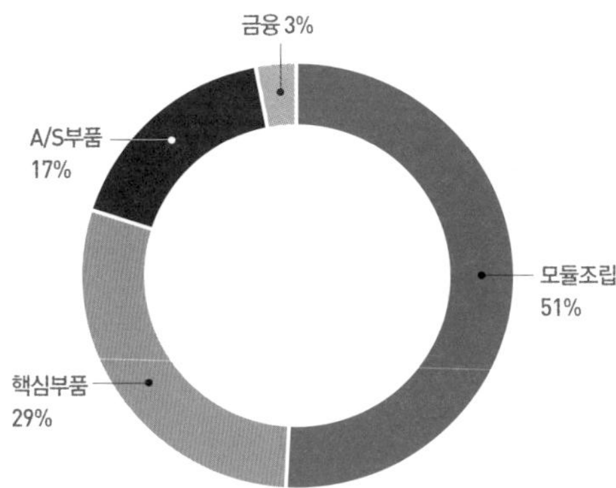

자료: 현대모비스

사업부별 영업이익 비중(2014년)

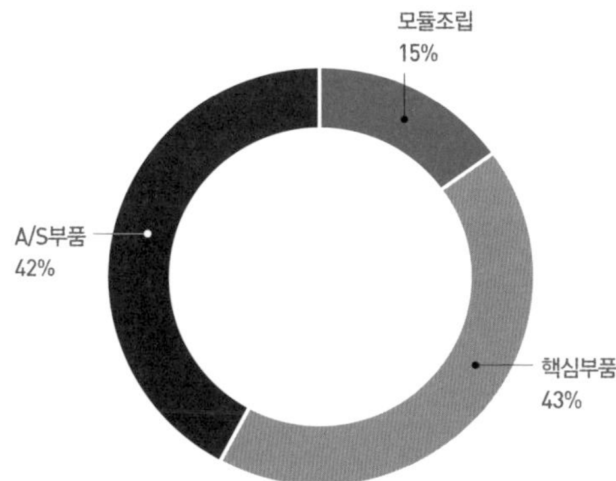

참고: 금융 부문은 영업적자로 인해 제외
자료: 현대모비스

서는 제외되었다.

A/S부품사업부

현대모비스는 부품회사로서는 유일하게 완성차가 영위하는 A/S부품유통사업을 하고 있다. 이는 그룹의 사업 구조조정 과정에서 완성차는 현대·기아차가 담당하고, 현대모비스는 기존의 완성차사업을 현대차에 이관하는 대신 모듈 및 부품사로 역량을 갖추어가면서 캐시카우Cashcow 역할을 해줄 사업부가 필요했기 때문이다. A/S부품사업부의 매출은 2014년 기준 6조 2,628억 원으로 2001년 1조 9,715억 원에서 CAGR 9.3%의 성장세를 기록하였다. A/S부품의 영업이익률은 환율에 따라 변동성이 있으나 평균 20~22%를 유지하고 있어 매우 안정적이다. 매해 A/S부품사업에서 창출되는 2조 원 수준의 영업이익은 현대모비스가 부품업체로 성장하는 데 충분한 재원 역할을 해주고 있다.

A/S부품사업은 현대·기아차가 전 세계에 판매한 차량에 대해서 사후 보수용품을 공급하는 것으로 유통사업의 성격을 지니고 있다. 2014년을 기준으로 글로벌 시장에서 운행 중인 현대·기아차의 차량은 약 5,300만 대로 현대모비스가 취급하는 보수용 부품은 202개 차종, 214만 품목에 달한다. A/S부품사업의 경쟁력은 완성차 판매 지역 확대에 따른 부품공급망 보유 여부와 안정적인 품질 유지 및 적정한 가격 책정 등에 따라 결정된다.

또한 언제 어떤 제품이 사용될지 예측하기 어려운 A/S의 특성상 적기에 차질 없이 부품을 공급하기 위해서는 효율적인 물류시스템이 필요하다. 이를 위해 현대모비스는 물류표준시스템을 구축해 물류를 최적화하였다. 물류창고에는 지능형 창고시스템을 적용하였는데 바코드를 이용해 전 품목을 입고에서 출하까지 실시간으로 관리하고 있다. 2014년 말 기준 현대모비스는 국내에 4개의 물류센터, 23개의 사업소, 43개의 정비파트, 2,177개의 대리점을 갖추고 있다. 해외에는 13개의 현지법인, 54개의 지사, 477개의 대리점과 11,262개의 딜러 네트워크를 갖추고 있다. 해외시장에서는 현대·기아차의 판매 성장세에 맞추어 해마다 2~3개의 물류 거점이 확대되고 있다.

Fig 70

국내외 부품 영업 네트워크

지역	종류	개수
국내	부품사업소	23
	물류센터	4
	부품프런트	43
	대리점	1,976
국내 합계		2,046
해외	부품법인	13
	거점/지사	54
	대리점	477
	딜러	11,262
해외 합계		11,806
글로벌 합계		13,852

자료: 현대모비스

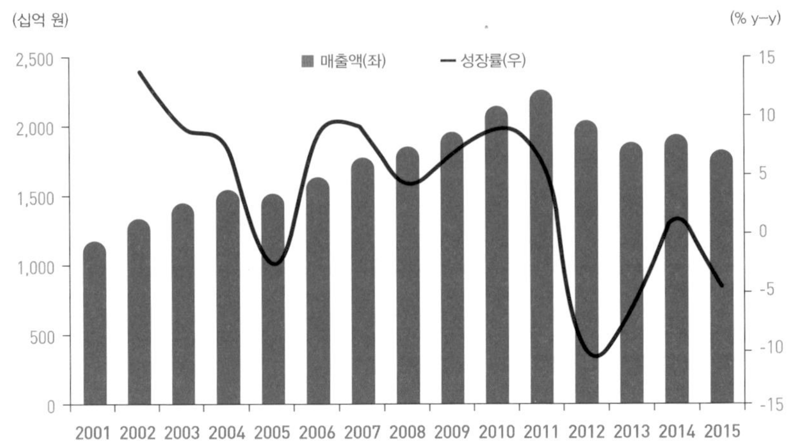

현대·기아차는 평균 5년의 품질보증기간을 제공하고 있다. 현대모비스의 A/S부품도 현대·기아차 차량이 판매된 후 3~5년 사이에 매출이 크게 성장했다가 품질보증기간이 종료되면 급격히 감소하는 추세를 보인다. 현대·기아차의 글로벌 판매는 2000년 이후 꾸준히 증가하였고, 특히 글로벌 금융위기 이후 급격히 증가하면서 현대모비스 A/S부품의 매출도 크게 성장하는 추세를 보이고 있다.

다만, A/S부품의 성장률은 현대·기아차 판매성장률 대비로는 낮은 편이다. 이는 현대·기아차의 주력시장이 선진시장보다는 신흥시장인 관계로 차량의 판매단가가 낮고, 소비자들이 순정부품을 사용하는 비율도 낮기 때문이다. 한국시장에서도 A/S사업의 경쟁이 심해지면서

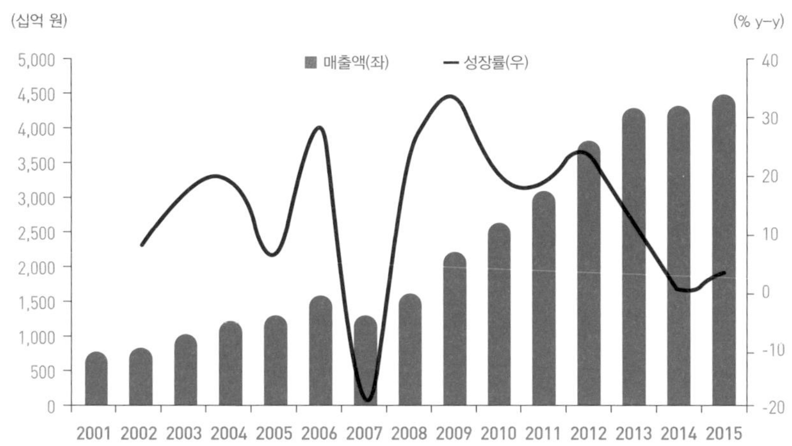

와이퍼, 엔진오일 등의 범용부품과 에어컨 필터 등 기능부품의 경우 순정품의 사용 비율이 하락하고 있다. 또한 A/S부품에 대한 비용 부담을 낮추기 위해 정부가 중고부품 및 대체부품 인증제를 도입하여 향후 현대모비스의 A/S부품 매출 성장이 정체될 것으로 예상된다.

 A/S부품의 매출을 높일 수 있는 아이디어 짜기

 **국내 A/S부품사업의 매출 둔화를 극복할 수 있는 아이디어를 떠올려 봅시다.**

한국시장의 A/S부품사업의 매출은 정체 상태입니다. 전반적으로 차량의 품질이 좋아지면서 예전에 비해 A/S부품에 대한 수요가 줄어들고 있고, 기능성 및 범용성 부품시장에서는 경쟁이 심해지면서 순정부품에 대한 수요가 줄어드는 추세입니다. 또한 정부에서는 소비자의 A/S 비용에 대한 부담을 줄여주기 위해 중고부품 사용을 독려하는 한편, '대체부품인증제'를 도입하였습니다. 대체부품인증제는 2015년부터 시행되었는데 A/S부품이 준수해야 하는 규격만 맞추면 유통을 할 수 있도록 한 제도입니다. 이러한 제도가 생긴 것은 수입차의 A/S 비용 부담을 낮추기 위한 목적이 크지만, 오랫동안 한국시장 내에 현대·기아차가 압도적인 점유율을 가지고 있었기 때문에 사실상 가장 타격이 큰 업체로 현대모비스가 예상되고 있습니다.

그렇다면 현대모비스의 국내시장 A/S부품사업의 매출 둔화를 극복하기 위해서는 어떻게 해야 될까요? 튜닝시장에 진출하는 것을 검토해볼 수도 있습니다. 20~30대의 소비자들은 차별화된 상품을 원합니다. 한국의 튜닝시장 규모는 5대 자동차 생산국의 위상에 걸맞지 않은 5,000억 원으로 추산되고 있습니다. 이는 독일의 23조 원, 미국의 35조 원, 일본의 14조 원에 한참 못 미치는 규모입니다. 이에 정부는 2015년에 들어 튜닝사업에 대한 규제 철폐를 진행 중이며 관련 부처 및 네트워크 구축을 추진 중입니다. 물론 대기업보다는 벤처나 중소기업이 하기에 적합한 업종이므로 사업 진행 시에는 벤처에 투자하거나 사내 벤처를 활성화하는 방향으로 생각해볼 수도 있을 것입니다.

'자동차 튜닝시장'을 키워드로 관련 동향을 살펴보기 바랍니다. 정부도 튜닝부품 기술개발을 지원하고 시장을 활성화하는 정책(2014년 4월, 자동차 튜닝부품산업발전포럼 발족)을 추진하고 있을 정도로 산업적 가치가 크다는 판단입니다. 참고로 해외 유명 튜닝업체의 국내 진출도 본격화되고 있는데, 아우디의 ABT, 벤츠의 브라부스Brabus, BMW의 AC 슈니처AC Schnitzer, 포르쉐의 테크아트Techart 등이 있습니다. 현대모비스가 튜닝시장에 본격 진출한다면 어떤 접근법이 필요한지 각자 고민해보기 바랍니다.

모듈조립사업부

현대모비스는 샤시모듈, 칵핏모듈, 프론트엔드모듈을 생산하고 있다.

샤시모듈은 액슬, 서스펜션, 서브프레임 등 자동차의 뼈대를 이루는 40여 개의 부품을 시스템화한 것으로 국내에서는 자동차의 하단부를 구성하는 부분만 모듈화하여 납품하고 있다. 샤시모듈은 코너모듈, 프론트 샤시모듈, 리어 샤시모듈, 컴플리트 샤시모듈 등 다양한 형태로 발전하였고 국내 및 해외공장에서 연간 530만 대를 생산하고 있다.

이 중 가장 발전된 형태는 컴플리트 샤시모듈이다. 컴플리트 샤시모듈은 기존의 프레임에 엔진, 변속기, 조향장치, 현가장치 등 240여 가지의 부품이 시스템적으로 결합된 신개념 샤시모듈이다. 컴플리트 샤시모듈은 자동차 원가의 40%를 차지할 정도로 완성차에서 차지하는 비중이 크다. 모듈 자체에 연료만 주입하면 주행이 가능하다는 특징이 있다.

칵핏모듈은 운전석모듈로 인판넬과 각종 계기판, 오디오 등 전장부품, 에어컨디셔닝, 에어백 등으로 구성된 부품조립 단위다. 칵핏모듈을 통해 20%의 원가절감 및 20%의 경량화 효과가 가능하다. 현대모비스는 기존의 단순조립 개념을 탈피하여 연관 부품 간의 시스템 통합 및 CAE(Computer Aided Engineering), 디지털 목업Digital Mock-up, 래피드 프로토타입Rapid Prototype 등의 신기술을 이용하여 부품 수 및 중량 감소, 비용절감 등의 효과를 높이고 있다. 칵핏모듈의 생산 규모는 국내 및 해

모듈조립부문 매출액 및 성장률

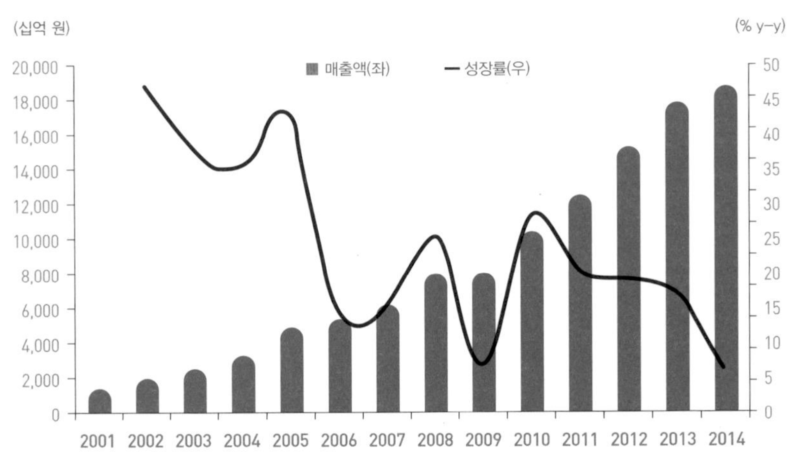

자료: 현대모비스

외 13개 공장에서 연간 530만 대이다.

프론트엔드모듈은 차량 앞부분에 위치한 캐리어, 헤드램프, 라디에이터그릴, 혼 등으로 구성된 부품조립 단위다. 프론트엔드모듈을 통해 약 35%의 부품 수 절감과 10%의 경량화가 가능해졌다. 현대모비스는 관련 부품들의 유기적인 결합과 충돌 시 보행자 보호를 위한 다양한 검증방법을 통해 프론트엔드모듈을 개발하고 있으며 국내 및 해외 9개 공장에서 연간 330만 대를 생산하고 있다. 모듈조립사업의 매출은 2001년 6,637억 원에서 2014년 18조 5,411억 원으로 27배 증가하였다.

현대모비스는 현대·기아차의 국내 공장을 제외하고 현대·기아차의 모든 글로벌 공장에 3대 모듈을 납품하고 있다. 2014년 기준으로 모듈 공장은 14개가 있다. 운반 형태도 크게 발전되었는데 2006년 유럽 공장부터는 완성차 공장 바로 옆에 위치하여 컨베이어벨트로 모듈을 완성차에 보내 공급시간을 단축하고 품질을 높이고 있다.

단순모듈은 완성차의 원가절감 및 품질개선을 위한 사업으로, 영업이익률 면에서 보자면 2~3%로 수익성이 낮은 사업이다. 그러나 현대모비스가 모듈을 납품함으로써 현대·기아차가 높은 품질을 유지시켜 글로벌 판매의 고성장을 이루는 데 적지 않은 기여를 한 것으로 볼 수 있다. 현대차는 미국시장에 진출하여 거쳤던 초기 품질 조사에서 2004년 일반브랜드 부문 2위를 차지한 바 있다. 또한 2015년에는 기아차가 일반브랜드에서 1위를, 현대차는 2위를 차지하였다.

초기에 모듈은 완성차의 원가절감에 목적이 있었다. 그러다 모듈화가 진행되며 모듈업체가 설계 및 개발 권한을 가지게 되면서 모듈업체가 부품의 부가가치에 따라서 직접 생산 또는 2차 부품업체의 소싱, 물류 및 A/S부품 납품권을 확보함으로써 수익성 향상을 추구할 수 있다는 이점을 가지게 되었다.

핵심부품사업부

현대모비스는 자체 설계 및 생산을 담당하고 있는 부품을 핵심부품이라고 구분하고 있다. 그동안 현대모비스는 칵핏, 프론트엔드, 샤시 3대 모듈의 생산을 담당하면서 동 분야를 구성하고 있는 부품 중 기술적으로 대규모 투자가 필요하고 부가가치가 높은 부품을 직접 개발하고 생산해왔다.

2005년까지는 새로운 사업 분야에 진입하면서 기술 축적을 위해 국내의 부품업체를 M&A하거나 글로벌 업체와 기술제휴를 활발히 진행하였다. 2015년까지는 글로벌 부품사 수준의 기술력을 갖추기 위해 매해 4~5%의 R&D 비용을 투자했다. 추가적으로는 연구 인력을 3,000명까지 확충할 계획을 가지고 있다. 현재 현대모비스의 연구소는 경기도 용인시 마북리에 위치한 연구소를 포함, 중국, 유럽, 미국, 인도에 5개의 연구소가 있다.

현대모비스가 생산하고 있는 부품들은 단품이 아닌 시스템 및 모듈화가 진행되는 부품들로 모두 센서, ECU와 결합되어 있다. 때문에 개

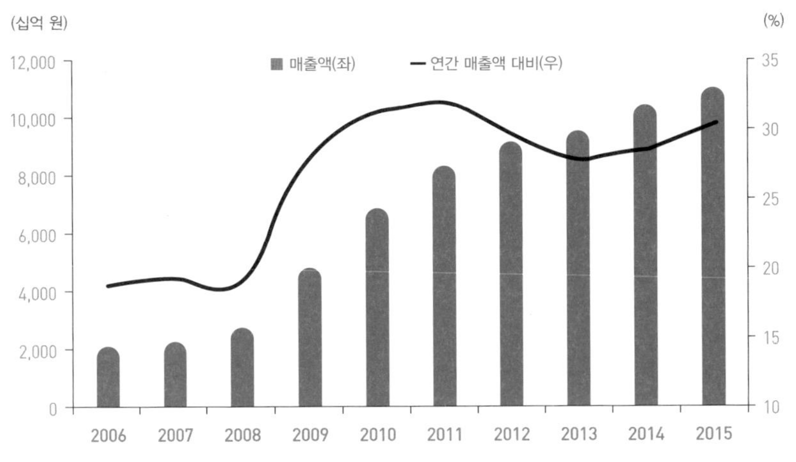

별부품보다는 전체적인 시스템 기술 축적에 중점을 두며 시스템 통합을 위한 센서, ECU 개발도 병행하고 있다. 장기적으로는 세계적인 수준의 기술력을 확보하고 해외 완성차 수주를 적극적으로 추진하면서 현대·기아차의 기술발전을 선도할 수 있는 부품사로 성장하는 것이 목표이다.

현대모비스의 핵심부품사업 부문의 매출은 2006년 2조 원에서 2014년 10.3조 원으로 CAGR 22.8%의 성장세를 기록했다. 전체 매출에서 차지하는 비중은 28.5%로 확대되면서 A/S부품 유통 및 단순 모듈회사에서 부품사로 변화되고 있다.

R&D 비용 및 핵심부품 매출액 대비 비중

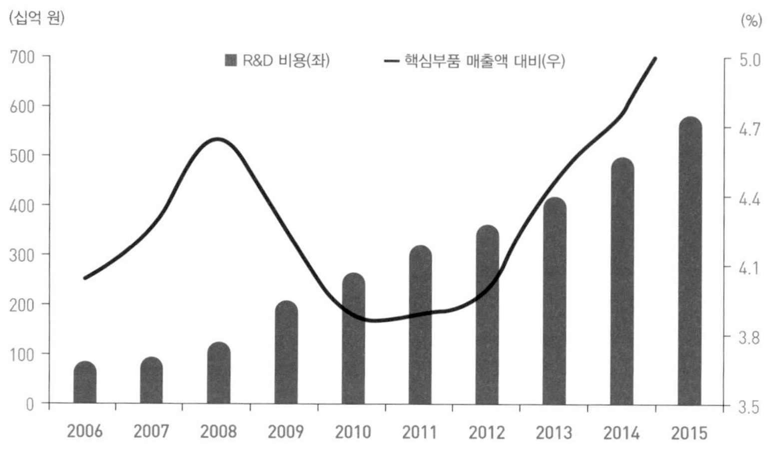

자료: 현대모비스

핵심부품 생산시설 현황

구분	공장	품목	양산 시점	생산능력 (대)
국내	천안 공장	IP	2000년 11월	NA
		에어백	2002년 3월	NA
		ABS/ESC	2004년 1월	2,000,000
	포승 공장	MDPS	2006년 6월	2,500,000
	아산 플라스틱 공장	범퍼, 캐리어헤드램	2004년 6월	NA
	김천 공장	램프	2008년 12월	2,200,000
	카스코 공장	CBS	2005년 6월	1,300,000
	IHL 공장	포그, 콤비 램프	2004년 4월	2,400,000
	구미 공장(ZFLK)	알루미늄 암	2004년 10월	NA
해외	중국 강소 공장	헤드램프	2007년 10월	1,350,000
		리어램프	2013년 8월	1,250,000
	슬로바키아 공장	브레이크	2013년 3월	300,000
	체코 공장	헤드램프, 리어램프	2017년	750,000
	인도 공장	에어백, 오디오	2014년 8월	1,550,000
	멕시코 공장	에어백, 브레이크, 램프	2016년 6월	450,000

자료: 현대모비스

현대모비스의 핵심부품은 안전과 관련된 부품과 기능성부품, 전장부품, 친환경부품으로 나눌 수 있다. 각 부품을 독립된 부품으로 보기보다는 차량의 기술발전에 맞추어 각 부품이 시스템으로 통합되고 있으며 IT 기술 및 친환경성이 접목되고 있다. 매출 규모는 안전과 관련된 부품 분야가 가장 큰데 품목은 에어백(칵핏모듈), 조향 시스템인 MDPS(Motor Driven Power Steering), 제동 시스템인 CBS, ABS(Anti-Lock Brake System), ESC(Electronic Stability Control), 에어서스펜션(샤시모듈)이다. 에어백, 조향, 브레이크 시스템은 주로 한국과 중국에서 생산하고 있으며, 기아차의 멕시코 공장에 동반 진출하면서 2016년 이후에는 북미에도 생산기지를 갖추게 될 예정이다.

a. 에어백

현대모비스의 에어백은 2002년에 현대차의 북미 수출용 베르나(LC) 차종에 처음 적용되었다. 이후 안전규제 강화, 충돌테스트 강화로 인해 차량의 에어백 장착 개수가 늘어나면서 현대모비스의 생산량도 빠르게 증가하였다.

브레이크나 조향 시스템은 사고가 발생하는 것을 사전에 방지하는 능동적인 안전장치로 발전하고 있는 한편, 에어백은 사고 발생 시 승객의 상해 등 피해를 최소화하기 위한 장치이다. 현재 한국시장을 기준으로 에어백 장착 개수는 소형차 6개, 중형차 8개, 고급 차종 12개 정도로 볼 수 있다. 최근에는 승객의 보호를 넘어 보행자의 안전을 위해 차량 전면에서 전개되는 보행자 에어백도 등장하였다. 에어백은 감지 시스템과 에어백 모듈로 이루어져 있다. 자동차 범퍼 부분의 센서가 충돌을 감지하면 모듈로 전기신호를 보내고, 에어백 안에 있는 인플레이터(Inflator, 에어백 가스 발생장치)의 점화장치에 의해 화약이 폭발하면 가스가 발생하여 에어백이 팽창하게 된다.

에어백의 종류는 장착 위치 및 세대에 따라 구분된다. 장착 위치에

장착 위치에 따른 에어백의 종류

종류	설명
운전석 에어백	핸들에 장착되어 전면 충돌 시 운전자를 보호.
조수석 에어백	조수석의 대시보드에 장착되어 전면 충돌 시 탑승자를 보호.
사이드 에어백	시트 옆면에 장착되어 측면 충돌 시 탑승자의 흉부와 복부를 보호.
커튼 에어백	주로 사이드 윈도우의 루프 라인을 따라 장착되어, 측면 충돌 시 앞자석에서 뒷자석까지의 사이드 윈도우를 덮도록 전개하여 탑승자를 보호.
무릎 에어백	무릎 앞의 장식 커버 등에 장착되어 전면 충돌 시 탑승자의 다리를 보호.

세대에 따른 에어백의 종류

종류	설명
SRS 에어백 (1세대)	일정한 충격이 가해지면 전개되는 단순한 방식.
디파워드 에어백 (2세대)	에어백에 의한 2차 피해 감소를 위해 1세대 에어백의 70% 정도로 세기를 낮춘 에어백.
스마트 에어백 (3세대)	여러 개의 센서를 부착하여 탑승자의 위치, 안전벨트의 착용 여부, 충격의 강도를 감지하여 적정 세기로 터지도록 만든 에어백. 듀얼/멀티 스테이지를 장착.
어드밴스드 에어백 (4세대)	3세대 에어백보다 더 많은 센서를 추가하여 탑승자의 체중, 체격, 자세 등을 추가로 판단하여 터지는 세기를 조절한 에어백. 듀얼/멀티 스테이지를 장착.

따르면, 스티어링 휠의 중앙에 장착된 운전석 에어백Driver Airbag, 동승석의 대시보드에 장착된 조수석 에어백Passenger Airbag, 시트 옆면에 장착된 사이드 에어백Side Airbag 등이 있다. 세대에 따라 구분되기도 한다. 1세대 에어백은 일정한 충격이 가해지면 전개되는 방식의 SRS 에어백Supplemental Restraint System Airbag이다. 2세대는 에어백에 의한 2차 피해를 줄이기 위해 SRS 에어백의 70% 정도로 세기를 낮춘 디파워드 에어백Depowered Airbag으로, 가장 많이 쓰이고 있는 에어백이다. 그 후 각도에 따른 측면 충돌 테스트 규정 강화로 스마트 에어백Smart Airbag, 어드밴스드 에어백Advanced Airbag이 등장하였다.

b. 조향 및 제동장치

현대모비스는 조향시스템 생산 초기부터 유압식 파워스티어링이 아닌 전자식 파워스티어링(MDPS)에 집중하였다. MDPS는 기존의 유압식 파워스티어링을 전기 모터로 대체한 첨단 전자제어 조향장치다. 연비를 향상시키고 가벼우며 정밀한 운전이 가능해지면서 동시에 오일 교환에 따른 환경 문제를 제거한 시스템이다. 현대모비스는 그 밖에도 스티어링 기어박스와 스티어링 오일펌프를 생산하고 있다.

브레이크는 자동차의 기본적인 유압제동장치(CBS)와 여기서 발전된 ABS, ESC를 생산하고 있다. ABS는 급제동 시나 미끄러지기 쉬운 노면에서 바퀴가 잠김으로써 발생될 수 있는 타이어 슬립 현상을 사전에 전자제어하여 차량의 안전성과 조향성을 확보하는 장치다. ESC는 ABS, TCS 기능 이외에 자동차의 핸들 조절각도 및 자동차의 선회각도 등의 정보를 추가적으로 감지하여 운전자의 의도와 다르게 자동차가 움직일 때 각 바퀴를 자동 조절하여 어떠한 상황에서도 안정된 주행을 할 수 있도록 해주는 최첨단 안전장치다.

차량에 능동적 안전 기능이 강조되면서 현대모비스가 생산 중인 조향 및 제동 분야도 빠르게 기술이 변화되고 있다. 안전과 관련된 ADAS가 차량에 포함되면 위험을 감지하는 데 필요한 ECU, 센서류 외에 위험을 감지한 후 차량을 구동시키는 전자식 조향장치 및 제동장치가 기본으로 장착하게 된다. 이러한 연관성으로 ADAS를 개발하는 부품사들은 대부분 조향 및 브레이크 시스템업체이고 현대차그룹에서는 현대모비스가 이와 같은 역할을 담당하고 있다.

한국시장에서 만도도 동일한 역할을 하고 있으나 IMF체제 이후 한

Fig 79

브레이크 시스템의 구조

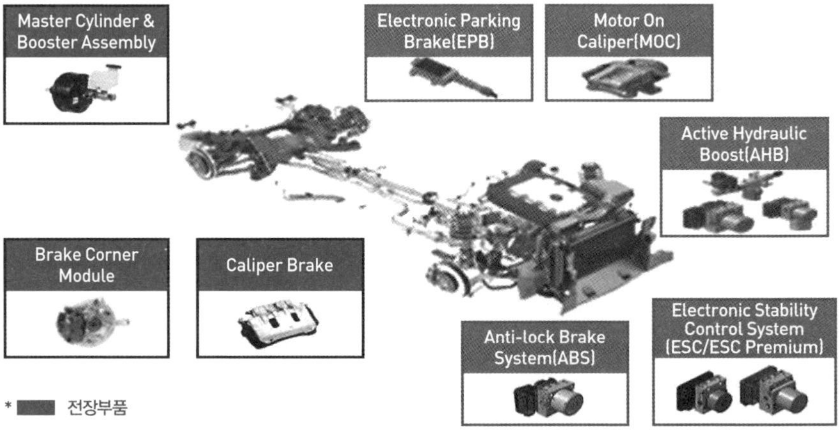

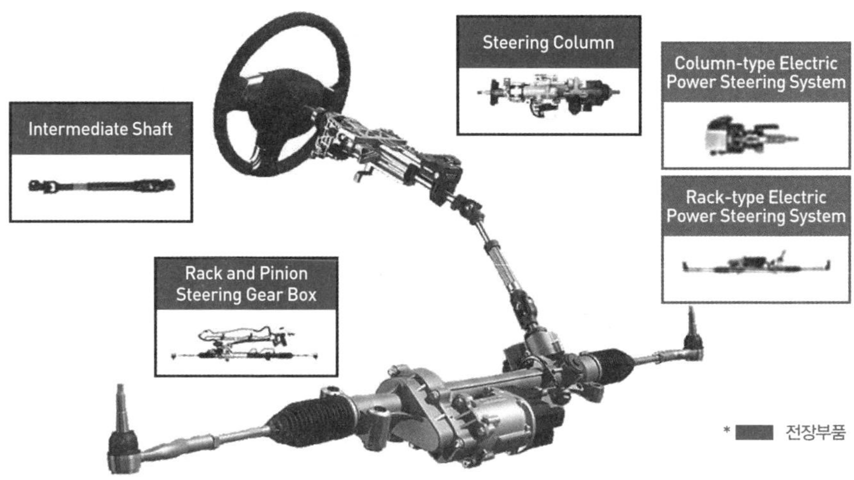

라그룹이 해체되는 과정에서 만도는 해외자본인 선세이지Sun sage에 인수되었다. 기술의 국산화를 중요하게 생각하는 현대차그룹에서는 현대모비스를 육성하게 되었다. 현재 현대차그룹 내 조향과 제동 시스템의 시장점유율은 대략 현대모비스와 만도가 50:50으로 나누어서 서로 경쟁하는 관계다. 현대모비스는 부품사로서의 역사가 짧아 핵심부품의 적용이 주로 현대·기아차의 소형차 및 비핵심 차종 위주로 이루어져왔으나 금번 LF쏘나타로 시작된 신차 사이클부터 현대모비스의 납품차종이 주력차종으로 변화되고 있다. 현대모비스는 ESC와 EPB를 통합한 시스템을 개발하여 LF쏘나타에 처음으로 적용한 바 있다.

ADAS는 초기 고급차에만 적용되다가 완성차의 상품성 경쟁으로 인

현대모비스의 ADAS 기술

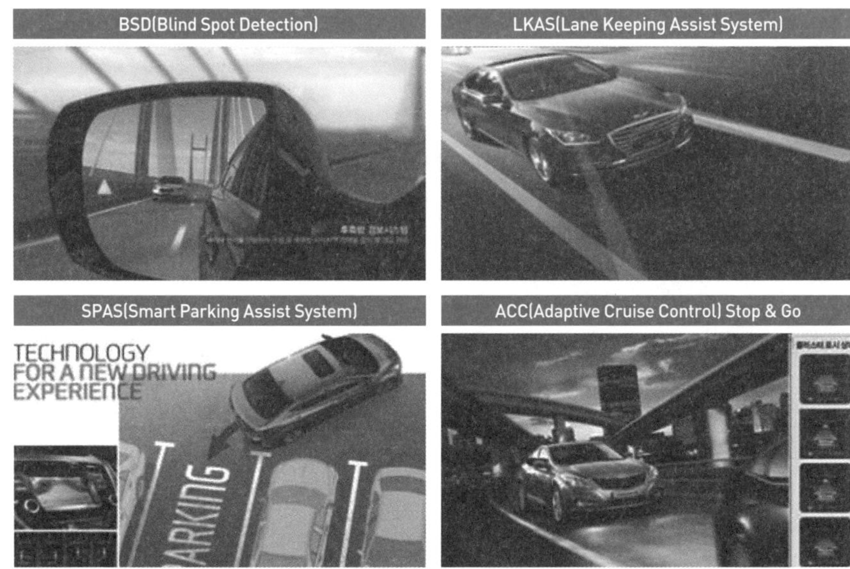

자료: 현대모비스

해 중형차까지 적용이 확대되고 있다. 현대모비스는 조향 및 제동장치와 연계하여 ADAS 기술개발을 진행하고 있으며 기아차의 K9을 시작으로 현대·기아차에 납품을 확대하고 있다. 현대모비스가 개발한 ADAS로는 주행 시 차량의 차선이탈을 경고해주는 LDWS, 차선이탈 시 차량 스스로 주행을 제어하도록 하는 LKAS(Lane Keeping Assistance System), 주행 중 차량 간 적정거리를 유지해주는 SCC, 안전하고 편리한 주차를 지원하는 SPAS(Smart Parking Assistance System), 주행 중 타이어 상태를 확인해주는 TPMS 등이 있다.

c. 헤드램프

현대모비스는 프론트엔드모듈 제조 역량을 강화하기 위해 프론트엔드모듈을 구성하는 핵심부품인 헤드램프 생산을 2006년부터 추진하였다. 램프는 해외 완성차 수주를 위한 전략적인 품목이기도 하다. 기능성 부품인 램프가 초기에는 안전을 위한 지시등, 전조등의 역할을 했다면 이제는 차량의 차별화된 외관과 성능을 강조하는 부품이 되었다. 램프의 외관 디자인이 중요한 역할을 하게 됨에 따라 점점 디자인이 화려해지고 있으며 램프 광원에도 변화가 생겼다. 할로겐, HID(High Intensive Discharge)에서 LED, 레이저 타입으로 변화되면서 부가가치가 크게 높아지고 있다.

헤드램프의 기술은 밝기 및 전력 효율성을 개선하면서 소형화되는 방향으로 발전해왔다. 최초에는 필라멘트를 이용한 백열전구가 주를 이루다 1962년에 할로겐램프가 등장하였다. 할로겐램프는 유리구에 할로겐 가스를 채워 사용하는 것으로 기존 백열전구에 비해 수명이 길고 변색에도 상대적으로 강해 지금까지도 가장 보편화된 광원이다. 1990년대 들어서는 밝기가 할로겐램프보다 3배 밝고 수명도 긴 HID 광원이 등장하여 고급차를 중심으로 도입되었다. 2000년대 중반 이후 LED가 새로운 광원으로 등장하였는데 가격이 비싸고 온도에 민감하지만 수명, 밝기, 전력 효율 등 모든 면에서 타 광원보다 우수하다. 향후에는 레이저가 광원으로 활용될 전망인데 레이저는 LED에 비해 1,000배 밝고 크기는 100배 이상 작다. 다만 가격 및 생산비용, 기술적인 문제 등으로 양산화에는 시간이 소요될 전망이다.

헤드램프 광원 기술 로드맵

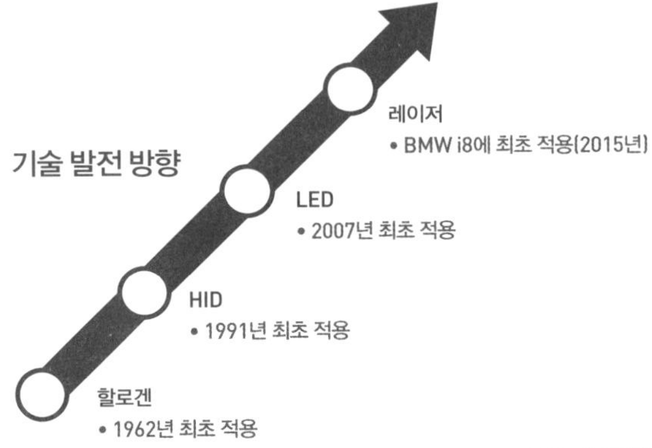

자료: 스트래티지 애널리틱스

헤드램프 광원 성능 비교

구분	할로겐	HID	LED
기반 기술	필라멘트	가스 방출	반도체
색 온도*(K)	3,000	4,200	5,500~6,000
전력효율(lm/w)	10~20	90	100 이상
수명(시간)	500~1,000	1,000~3,000	10,000~20,000
밝기(lm/w)	1,000~1,500	3,000	3,000 이상

참고: * 색 온도가 태양광(5,500K)에 가까울수록 흰색을 띰
자료: 스트래티지 애널리틱스

LED 헤드램프는 제어시스템의 기술을 통해 기능 확장성이 높아 고급차에 주로 적용되고 있다. LED 헤드램프는 각각의 LED를 개별적 제어로 조명패턴을 구현해야 하므로 제어기술의 중요성이 높다. 헤드램프 제어기술의 대표적인 시스템에는 AFLS(Adaptive Front Lighting System)

가 있다. AFLS는 주행조건에 따라서 조명을 제어하는 기술로 차량의 조향 각도에 따라 조명 방향을 바꿀 수 있다. GPS신호와 연동하여 사전적으로 조명 각도를 조절하는 기능도 추가할 수 있다. 현재 AFLS는 하향등으로 제어하는 기술이었으나 이를 상향등과 통합하여 제어하는 기술인 HBA(High Beam Assist)로 발전하고 있다.

HBA는 다른 운전자의 시야를 방해하지 않으면서 상시 상향등 주행을 가능하게 하여 운전자가 넓은 시야를 확보할 수 있도록 한다. 이를 위해 전방, 대향 차량의 유무 또는 주변의 밝기를 감지할 수 있는 센싱 기술과 ECU 개발 능력이 중요해진다. 현대모비스는 헤드램프 생산능력 확대 외에도 전장기술과 결합하여 AFLS를 개발하였으며 이를 기아차 최고급 모델인 K9에 적용한 바 있다. 현재는 카메라연동 지능형 램

헤드램프 제어 시스템의 발전

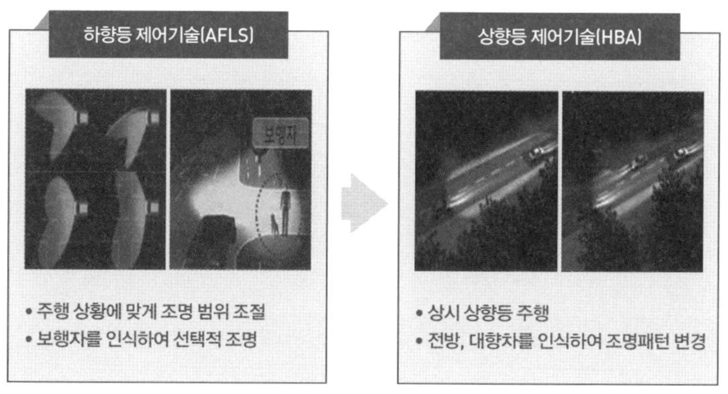

자료: KARI

프인 스마트 라이트Smart Light와 내비게이션 및 차량 신호에 의해 예측 제어가 가능한 지능형 헤드램프인 AILS(Active Intelligent Lighting System)를 개발 중에 있다.

d. 하이브리드용 부품

차량의 연비가 강조되면서 기존 내연기관의 연비 향상 외에 대안으로 하이브리드, 전기차 등 친환경차가 등장하게 되었다. 아직 내연기관 차량이 글로벌 자동차 수요의 95% 이상으로 절대적인 위치를 점하고 있으나 2015년 이후 엄격해지는 연비 규제를 맞추기 위해서는 친환경차 출시가 불가피한 상황이다. 현대모비스는 2008년부터 하이브리드용 핵심부품사업을 시작하였고, 친환경차의 공통 부품인 구동모터, 전력제어기인 인버터, 컨버터(Integrated Package Module), 배터리 모듈팩의 4대 부품을 생산하고 있다. 현대모비스는 배터리 모듈팩 생산을 위해서 2010년에 LG화학과 51:49의 지분율로 HL그린파워를 설립하였다. HL그린파워의 생산능력(CAPA)은 현재 10만 대이며 2017년에 40만 대까지 확대할 계획이다.

현대모비스는 하이브리드의 핵심부품인 전기구동 및 제어, 배터리 시스템을 2009년 7월부터 현대·기아차에 공급하기 시작하였다. 2013년부터는 YF쏘나타, K5 등 중형차와 HG그랜저, K7 준대형 하이브리드 차량에 시스템을 공급하고 있다. 현대모비스가 생산하고 있는 4대 핵심부품은 하이브리드 자동차 전용부품 가운데 기능 기여도 부문에서 80% 이상을 차지하고 있다. 이는 하이브리드 자동차뿐만 아니라 플러그인 하이브리드, 연료전지차에도 적용되는 부품이다.

　현대차그룹은 친환경차의 라인업을 7개에서 26개로 확대할 계획으로, 기존 내연기관의 연비 향상이 2020년까지도 주력이 되겠지만 친환경차의 라인업 확대로 인한 현대모비스의 친환경차 핵심부품 매출 성장이 예상된다.

현대모비스의 기술이 적용된 친환경 자동차

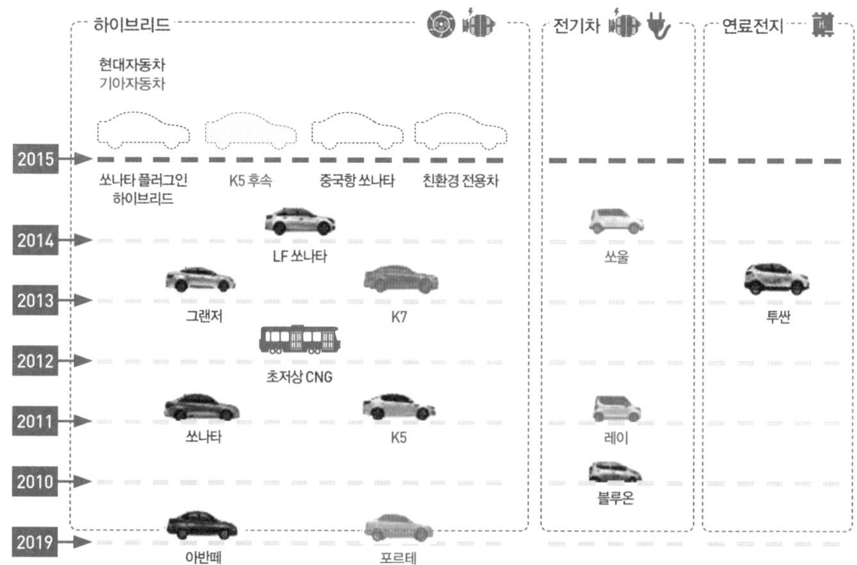

자료: 현대모비스

현대·기아차의 친환경차 판매 추이 및 계획

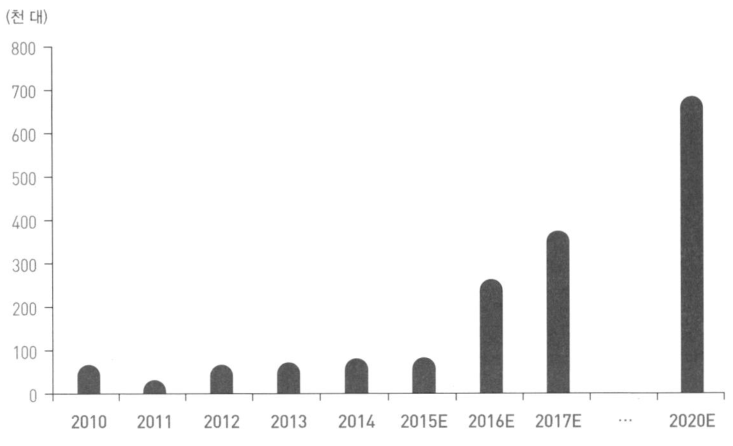

자료: 현대·기아차

e. 기타 부품

이외에 IT 기술과 결합된 부품으로는 AVNT와 UVO를 생산하고 있다. AVNT는 오디오, 비디오, 내비게이션, 텔레매틱스telematics가 하나의 시스템으로 구현된 차량용 고급 멀티미디어 시스템이다. UVO는 글로벌 IT업체인 MS사와 협력하여 개발한 시스템으로 터치스크린, 음성인식, Color TFT LCD, 블루투스, 위성 라디오, 텔레매틱스 연동 등의 첨단기능을 갖춘 시스템이다.

그 외의 기타 부품으로, 현대모비스는 칵핏모듈과 프론트엔드모듈의 구성품인 인판넬, 캐리어, 범퍼 등 플라스틱 사출 부품을 생산하고 있다. 이는 고부가가치 부품이라고 하기는 어렵지만 부품의 부피가 크기 때문에 완성차 인근에 위치하여 공급해야 하는 특성상 현대·기아차의 성장 속도에 맞추어 계열사인 현대모비스가 초기부터 병행투자를 같이해야 하는 불가피한 측면이 있었다. 현대모비스가 전장 및 친환경 부품사로 변화해가는 과정에서 이 같은 플라스틱 사출 부품이나 휠 등의 저부가가치 제품은 아웃소싱 또는 스핀오프 등을 통해 사업구조를 합리화해갈 것으로 예상된다.

직무지식 익히기

직무지식을 잘 익혀서 다양한 면접 질문에 대비해봅시다.

현대모비스의 사업구성에 대한 내용은 산업 상식과 직무지식 차원에서 꼭 반복해서 학습해두기 바랍니다. 면접장에서의 질문은 구체적인 직무지식보다는 하고 싶은 일이나 미래 비전에 대한 것이 주류를 이루는데 이에 대한 대답은 구체적이면서 논리적이어야 합니다. 그러기 위해서는 직무지식이나 산업 동향과 관련지어 설명하는 방법이 유용합니다. 예컨대, '구글의 무인자동차사업에 대해 현대모비스는 어떻게 대응해야 하는가'라는 질문이 면접에서 나온다고 가정해볼 때, 이러한 경우에 되도록이면 시장 현황과 직무 관련 기술을 가볍게라도 언급하면서 설명하라는 것입니다. 경험적으로 보면 막상 면접에서 기업분석에 입각해서 논리적인 대답을 하는 경우가 생각보다 드뭅니다. 이는 기업분석을 제대로 활용하면 그만큼 합격 확률이 높아진다는 의미일 겁니다.

02

글로벌 6위 부품사로서의
위치와 전략

해외 완성차 수주 현황

현대모비스는 부품사로서는 글로벌 부품사와 비교할 때 상대적으로 짧은 역사를 가지고 있어 기술 축적 기간도 짧았다. 현대·기아차의 글로벌 판매 고성장에 힘입어 매출액 순위로는 글로벌 6위의 부품사이나 해외 업체에 대한 매출 비중은 10% 수준으로 낮다.

현대모비스는 2006년에 매출액 기준으로 25위를 차지하며 '세계 100대 자동차 부품업체'에 선정되었다. 미국의 자동차 전문지인 《오토모티브 뉴스》가 '세계 100대 주문자상표부착생산(OEM) 자동차부품업체'의 경영 정보를 정리해 공개한 자료에 따르면, 현대모비스는 완성차 업체에 자동차부품을 공급하는 OEM 매출액을 기준으로 볼 때 2013년에 약 246.8억 달러(세계 6위)를 기록, 전년비 15.6% 증가하여 세계 8위에서 6위로 상승하였고, 이후 6위를 유지하고 있다.

현재까지 현대모비스의 해외 수주 내역을 볼 때 매출액 기준으로 가장 큰 메이커는 크라이슬러다. 현대모비스는 2004년에 크라이슬러의 샤시모듈을 수주하여, 미국 오하이오주와 미시간주에 모듈공장을 운영하고 있다. 이 중 오하이오 공장에서 공급하고 있는 지프 랭글러 차종 컴플리트 샤시모듈은 2006년에 공급을 시작하여 2013년 5월에 누적 생산대수를 100만 대 돌파하였다. 또한, 부품의 경우 크라이슬러의 주요 차종에 헤드/리어램프를 공급하고 있다. GM에는 오디오와 공조장치를 제어하는 중앙 컨트롤 장치인 ICS(Integrated Center Stack)와 주차브레이크를 수주하여 공급하고 있다.

유럽시장에서는 다임러에 오디오와 지능형 배터리 센서인 IBS(Intelligent Battery Sensor)를 공급하고 있으며, BMW와 폭스바겐에는 램프를 공급하고 있다. 일본시장에서는 미쯔비시에 LED 헤드램프와 주차보조시스템인 PAS(Parking Assistance System)를, 스바루에는 리어램프를 공급하고 있다. 중국시장에서는 상해GM에 ICS 및 주차브레이크를, 북경다임러, 후지안다임러에는 각각 IBS와 오디오를 공급하고 있다.

글로벌 5위 부품사로 올라선다는 비전

현대모비스는 2020년까지 글로벌 5위의 부품사로 한 단계 올라서고, 해외 업체 매출 비중 20%를 목표로 하고 있다. 2014년 기준으로 글로벌 5위 부품사는 일본의 아이신세이키로 매출액 280.7억 달러를 기록, 현대모비스보다 6억 달러 더 많았다.

　현재 글로벌 시장에서는 저금리와 기술개발 부담에 따른 규모의 확장 추진에 힘입어 M&A가 활발하게 진행 중이다. 2014년 9월에 독일의 ZF는 미국 TRW를 인수하기로 계약하면서 1위 업체인 독일의 보쉬(2014년 매출액 442억 달러)에 이어 글로벌 2위 업체로 등극하였다. ZF의 2015년 매출액은 221.9억 달러로 9위를 기록했으며 TRW의 2014년 매출은 162억 달러로 12위를 기록하였다. ZF는 트랜스미션과 스티어링 시스템 등에 특화된 업체이고 TRW는 에어백, 브레이크 등 안전 관련 부품에 강점을 지니고 있는 업체로, ZF는 자율주행차 관련 기술력을 높이기 위해 TRW를 인수한다고 밝혔다.

　현대차그룹 내부의 상황을 살펴보면 현대·기아차는 글로벌 판매 고성장이 일단락되면서 향후 양적 성장보다는 질적 성장에 치중할 계획이다. 결국 현대모비스가 글로벌 5위 부품사로 성장하기 위해서는 해외 완성차업체에 대한 납품 확대가 필요하다. 현대모비스가 현재까지는 캡티브 시장의 고성장 수혜를 누려왔다면 향후 성장 전략은 그룹 밖에서 찾아야 한다. 글로벌 완성차들은 모두 오랜 기간 협력관계를 맺어온 부품사 네트워크가 있어, 동일한 가격이나 기술력이라면 현대차그룹 계열인 현대모비스보다는 독립된 부품사를 선호할 것이다. 현대모비스가 이러한 상황을 극복하고 수주를 확대하기 위해서는 경쟁사보다 싼 가격에 부품을 제공하거나 압도적인 기술력이 있어야 한다.

　현대모비스는 모듈부터 시작해 여러 가지 핵심부품을 생산하고 있는

데, 이 중 해외 수주를 늘리기 위해 가장 적합한 부품은 무엇일까.

통상 부피가 큰 부품을 '대물'이라고 부르고 부피가 작은 부품을 '소물'이라고 부르는데, 운송비나 초기 투자비가 큰 대물보다는 차종에 따라 설계 변경이 적고 운송비가 적게 드는 전장부품 등의 소물이 매출처 다변화를 추진하기에 적합한 품목일 것이다. 일례로 샤시나, 프레임을 생산하는 성우하이텍, 일지테크와 같은 한국의 부품사들을 보면 현대·기아차에 대한 매출 의존도가 거의 100%에 달한다. 반면에 브레이크 시스템, 공조 시스템, 헤드램프와 같이 전장의 성격이 결합되어 부가가치가 높고 차종에 따라 설계 변경이 적은 부품을 생산하는 만도, 한온시스템, 에스엘 등은 현대·기아차에 대한 매출 의존도가 50~70% 수준인 것을 생각해보면 된다.

멘토의 *Tip* ⑪　　　캡티브 시장에 대한 장단점 생각해보기

현대모비스가 캡티브 시장을 가지고 있는 것의 장단점은 무엇일까요?

현대모비스는 현대차그룹의 모듈 및 부품사로서 완성차인 현대·기아차와 성장의 궤를 같이하고 있습니다. 2000~2014년에 현대·기아차는 CAGR 10% 이상의 고속성장을 하였고, 현대모비스도 역할이 확대되면서 완성차보다 더 높은 성장세를 구가하였습니다. 캡티브 시장을 가지고 있다는 점은 아주 많은 마케팅 비용을 지출하지 않고도 일정 부분의 시장을 확보할 수 있다는 것에서 긍정적입니다. 특히 현대·기아차와 같이 고속성장을 하는 전방 업체를 캡티브 시장으로 가지고 있다는 것은 행운이라고 할 수 있습니다.

한편, 캡티브 시장의 성장이 둔화될 경우에는 동반 실적 악화가 불가피합니다. 2012년 이후 현대·기아차의 글로벌 판매 성장은 둔화되기 시작했고, 경쟁사인 일본 및 유럽 업체는 엔화 및 유로화 약세에 힘입어 나날이 글로벌 시장의 점유율을 높여가고 있습니다. 현대모비스는 A/S부품사업이라는 안정적인 비즈니스를 갖추고 있지만, 모듈 및 핵심부품사업은 완성차 판매 둔화와 맞물려 실적 둔화가 예상됩니다. 또한 현대·기아차의 판매 부진이 장기화될 경우에는 A/S부품사업도 결국 영향을 받게 될 것입니다. 이런 단점을 보완하기 위해서는 그룹 외 매출 확대가 필수적입니다. 그러나 핵심부품사업의 경우, 현대·기아차와 경쟁관계에 있는 완성차업체의 입장에서는 같은 조건이라면 현대모비스로부터 부품을 납품받기를 꺼릴 것입니다. 결국 현대모비스가 그룹의 의존도를 낮추기 위해서는 경쟁 부품사보다 더 높은 원가경쟁력이나 기술경쟁력을 갖추어야 합니다. 덴소의 사례를 보면, 덴소는 도요타그룹의 부품사이나 도요타에 대한 매출 의존도가 50%를 넘지 않고 있으며 2020년까지 30%대로 낮추는 것을 목표로 하고 있다는 것을 생각해볼 필요가 있습니다.

03

재무 실적 및
안정성

꾸준한 성장에 따른 안정적인 재무 현황

현대모비스는 금융위기를 제외하고는 2000년 이후 A/S 및 모듈사업을 시작한 이후 한 번도 영업이익이 전년 대비 감소한 바 없이 성장을 지속해왔다. 싸이클리컬Cyclical한 성격을 지니고 있는 자동차산업에서는 매우 예외적인 기업으로, 실적 고성장에 힘입어 현대모비스의 시가총액은 2001년 말 1조 4,927억 원에서 2014년 말 23조 원으로 15.4배 성장하였다.

실적 성장 및 A/S의 높은 영업이익률에 의해 현대모비스의 부채 비율은 2014년 말 기준 68%를 기록하였으며, 보험자회사를 제외한 모듈 및 A/S 부문은 순현금 2조 7,310억 원을 기록하였다. 부가가치가 높은 부품 생산 및 기술 축적의 필요에 따라 현대모비스의 연간 Capex(설비

투자비)와 R&D 투자는 증가하고 있으나 연간 1조~2조 원의 잉여현금
흐름이 창출되면서 재무구조는 완성차업체보다도 더 안정적이라고
평가할 수 있다.

Fig 87

현대모비스의 재무 현황

(단위: 십억 원)

구분	2004	2005	2006	2007	2008	2009	2010	2011	2012	2013	2014
매출액	7,304	9,283	10,731	11,507	13,847	17,230	22,144	26,295	30,789	34,199	36,185
영업이익	764	802	884	841	1,214	1,694	2,331	2,637	2,906	2,924	3,071
영업이익률 (%)	10.5	8.6	8.2	7.3	8.8	9.8	10.5	10.0	9.4	8.6	8.5
EBITDA	853	929	1,026	1,022	1,472	2,129	2,802	2,967	3,296	3,368	4,918
EBITDA 마진 (%)	11.7	10.0	9.6	8.9	10.6	12.4	12.7	11.3	10.7	9.8	13.6
순이익	683	834	684	774	1,039	1,571	2,506	3,027	3,542	3,396	3,393
순이익률 (%)	9.4	9.0	6.4	6.7	7.5	9.1	11.3	11.5	11.5	9.9	9.4
FCF	-130	61	442	-423	314	345	1,496	1,438	2,177	1,236	1,633
Capex	-297	-318	-420	-408	-453	-282	-778	-690	-849	-643	-1,047
R&D 비용	64	76	71	79	110	187	266	326	360	424	493
배당금	-109	-128	-131	-107	-108	-86	-121	-145	-170	-185	-190
자사주 취득	-22	0	0	-74	0	-3	0	0	0	0	0
부채비율 (%)	130.9	119.3	115.8	99.4	95.3	83.0	69.3	63.7	76.3	70.5	68.0
순현금	-839	-779	-86	-661	-618	-1,249	491	529	3,570	3,735	2,731

자료: 현대모비스

HYUNDAI
MOBIS

문화:
진취적인 글로벌 인재를 육성하는 강력한 기업문화

현대차그룹은 현대·기아차의 자동차사업을 중심으로 한 수직계열화 구조로 되어 있어 장기적인 비전과 경영철학을 공유하고 있습니다. 그중 현대모비스는 현대차그룹의 제1부품사이기도 하지만 국내에서 가장 큰 자동차부품회사로서 기술을 선도하며 가장 역동적으로 움직이고 발전해야 하는 기업입니다. 현대모비스의 역사와 현대차그룹의 기업문화, 임직원 현황 등을 살펴보며 현대모비스가 바라는 인재상을 한번 그려보기 바랍니다.

01

드라마틱한 성장사를 써온
현대모비스의 역사

현대정공 시기: 컨테이너사업부터 갤로퍼 신화까지

현대모비스의 역사는 2000년 11월 1일 '현대정공'에서 '현대모비스'로 사명을 바꾸기 전후로 나누어 볼 수 있다. 시대적 배경으로는 1997년 아시아 외환위기로 한국이 IMF로부터 구제금융을 받으면서 각 기업들이 구조조정을 통해 합리화 및 효율화를 추진하던 시기다.

현대정공 시기에는 전문성을 추구하기보다는 현대그룹이 중공업체제로 성장해가는 과정에서 필요한 기계, 소재, 부품, 시설재 등 시기마다 필요한 부분들을 사업화함에 따라 사업 내용에 많은 변화가 있었다. '현대모비스'로 사명을 변경하면서부터 '자동차부품 전문기업'으로 사업 내용을 전환하고 A/S사업에서 나오는 안정적인 현금흐름을 바탕으로 핵심부품 개발에 역량을 집중하기 시작했다.

　현대모비스의 전신인 현대정공은 1977년 6월 25일 '고려정공'이라는 이름으로 창립되었다가 그해 7월 1일에 '현대'라는 상호를 사용하기 위해 현대정공으로 사명을 변경하였다. 현대정공은 '현대자동차서비스'를 모태로 하여 자동차부품, 컨테이너, 주조밸브 세 가지 사업을 가지고 분리된 회사다. 현대자동차서비스는 현대그룹이 자동차사업을 성공시키기 위해 생산, 판매와 더불어 서비스 분야까지 완벽하게 갖추겠다는 의지 아래 1974년 2월 26일 설립했다. 초대 대표이사는 당시 정몽구 사장이 맡았다. 정몽구 사장은 자동차부품사업을 크게 확대하면서도 각종 신규 사업 진출을 적극적으로 모색하였는데, 이는 현대자동차서비스를 발판으로 하여 관련 사업에 신규 진출함으로써 새로운 독립법인으로 발전시킨다는 비전에 따른 것이었다.

　초기 주력사업은 컨테이너, 휠, 주조밸브, 군용차량 재생사업이었다. 정몽구 사장은 1970년대 중반부터 시작된 수출 열풍을 바탕으로 컨테이너사업을 전략적인 신규 사업으로 선택하였다. 이는 향후 현대정공이 글로벌 1위를 경험한 첫 사업이 되었다. 컨테이너사업은 1976년 시작된 이후 1980년에 총생산 10만 대를 돌파하였고 1983년에는 생산 실적 기준으로 당시 글로벌 1위였던 일본의 도큐카를 누르고 세계 최대 컨테이너업체로 등극하였다.

　당시 현대정공은 글로벌 컨테이너시장의 35%를 차지하는 한편, 한국 컨테이너 수출의 60% 이상을 담당하였다. 그 후 글로벌 생산체제를 강화하면서 1999년 4월, 1개월 기준 세계 최대 규모인 1.1억 달러의 컨테이너를 수주하기도 했다. 그러나 IMF체제로 1999년 그룹 내 사

1990년대 현대정공의 냉동 컨테이너 생산 실적

(단위: 대)

구분	1992	1993	1994	1995	1996
글로벌	35,000	36,000	38,000	42,500	45,000
현대정공	10,150	10,390	11,230	18,270	20,000
점유율 (%)	29	29	30	43	44

자료: 현대모비스

업구조조정에 따라 2000년 8월에 사업을 종료하였다.

자동차부품사업은 초기 차륜 및 차체사업으로 시작하였으며 1985년 현대차의 포니가 해외에 수출되기 시작하면서 생산이 확대되었다. 1980년에는 현대차로부터 컨테이너 부문의 특장차용 적재함 생산을 이관받으면서 특장사업을 시작하였다. 1980년대 후반에 추가된 부품사업은 사용변속기사업이다. 1985년에는 현대차량을 흡수합병한 이후 전차변속기의 국산화를 추진하면서 상용차의 변속기와 후차축(자동차의 뒤차축)까지 개발·생산하게 되었다. 1991년에 변속기 생산 공장이 완공되면서 소형에서부터 대형에 이르는 상용차 전 차종과 갤로퍼용 변속기와 후차축을 생산하였고, 이후 전차용 변속기도 생산하게 되었다.

주조사업은 중소기업의 난립으로 활로를 찾지 못하다가 정부의 중소기업 경영안정 및 구조조정 특별조치법으로 주조밸브사업을 중소기업에 이양하라는 권유에 따라 매각 절차를 밟았다.

1980년대 중반 이후에는 주력사업이던 컨테이너사업이 중국 및 동

현대정공의 공작기계사업 실적

(단위: 십억 원)

구분	1991	1992	1993	1994	1995	1996	1997	1998	1999
내수	8	22	55	74	89	81	73	38	33
수출				13	44	63	27	57	34
합계	8	22	55	88	133	144	100	95	67

자료: 현대모비스

남아 국가와의 경쟁으로 침체되었고 그 외에 현대그룹이 성장하면서 그룹의 필요에 따라 사업 다각화가 진행되었다. 컨테이너사업을 대체하는 사업으로는 산업기계사업과 공작기계사업이 진행되었다. 기계사업은 현대정공이 그동안 기계공업 분야에서 쌓은 기술과 경험을 바탕으로 현대그룹의 근간이 되는 중공업체제의 기술을 축적하기 위해 추진되었다. 공작기계사업은 신제품 개발, 판매망 확대, 서비스 개선의 노력을 통해 1992년에는 기종별 평균 30%의 시장점유율을 기록하며 국내 1위의 판매 실적을 기록하였다.

그 외 그룹의 필요에 따라 맡게 된 사업은 해선 및 철재사업, 요트사업 인수 등이며, 수처리설비 부문과 플랜트설비 부문의 환경사업이다. 또한 그룹의 사업구조 개편 과정에서 철도차량사업과 특수중기사업을 담당하기도 했다. 이렇게 복잡한 사업구조는 IMF체제를 거치면서 정부의 산업합리화, 그룹의 구조조정과 맞물려 로템, 현대차 등으로 분리·흡수되었다.

현대정공의 역사에서 빼놓을 수 없는 부분은 갤로퍼 신화로 표현되

현대정공의 변속기 제품 다양화 추이

구분		생산 개시	초기 연도			1996년		
			종류	생산량 (대)	매출액 (억 원)	종류	생산량 (대)	매출액 (억 원)
상용차	변속기	1991년 7월	11	13,643	69	48	41,143	790
	리어 액슬		9			64	41,787	
갤로퍼	변속기	1991년 12월	4	24,443	167	4	34,690	326
	액슬	1991년 10월		36,278		26	34,372	
전동차	기어박스	1993년 4월	3	417	37	3	768	43
중기	변속기	1993년 6월	3	123	324	3	161	463
지게차	트랜스 액슬	1993년 9월	6	537	25	중단		59
굴삭기	액슬	1995년				2	380	0.2
합계			36	75,441	622	150	153,301	1,681.2

자료: 현대모비스

는 4륜구동 자동차사업이다. 현대정공이 갤로퍼를 생산하면서 정몽구 회장은 오랜 기간 꿈꿔오던 완성차사업에 뛰어들게 되었다. 향후 정세영 회장으로부터 현대차 경영권을 넘겨받는 과정에서 4륜구동 자동차사업을 성공적으로 수행한 경험은 정몽구 회장에게 긍정적인 영향을 미쳤다.

첫 완성차인 갤로퍼는 1988년 정몽구 회장이 4륜구동차 개발을 지시하면서 시작되었다. 당시 현대차가 승용차 신제품 개발에 주력하던 시기였기 때문에 4륜구동에는 자원 분배가 어려운 상황이었다. 그룹 차원에서는 자동차 부문을 그룹 내 주력사업으로 육성하기 위해 4륜구동까지 망라하는 풀라인업 전략이 필요하였다. 이후 미쓰비시의 디젤 지프인 '파제로'를 베이스모델로 하여 개발에 들어갔고 1991년 9월에 갤로퍼가 출시되었다. 갤로퍼는 출시된 후 1년 만에 판매대수 2.3만 대를 기록하며 4륜구동시장에서 51.9%의 점유율을 차지하였다.

　갤로퍼의 급성장으로 이후 4륜구동시장의 수요가 자극되었다. 기아차의 스포티지, 쌍용의 코란도와 무쏘 등이 잇달아 시장에 출시되기도 했다. 1990년대 중반부터는 국내 승용차시장이 급격히 위축되었으나 RV차량의 수요는 여전히 고성장을 이어갔다. 현대정공은 갤로퍼의 인기를 이어가기 위해 미니밴인 싼타모를 1996년에 출시하였다. 후발주자이지만 고성장을 이어가던 현대정공의 차량사업부는 1999년에 현대정공이 사업구조조정을 통해 자동차부품사업에 집중하기로 함에 따라 7월 31일 현대차에 양도되었다.

Fig 91

현대정공의 차량사업 실적

(단위: 십억 원)

구분	1997	1998	1999
내수	748	356	347
수출	146	750	302
합계	894	1,106	649

자료: 현대모비스

현대정공의 갤로퍼

자료: 현대모비스

현대정공의 싼타모

자료: 현대모비스

관련 자료 찾아보기 ❾
검색 키워드, '현대모비스의 갤로퍼'

'갤로퍼'를 키워드로 과거 현대모비스(현대정공)의 자동차 개발 역사를 살펴보기 바랍니다. 한 TV프로그램에서 모 연예인이 180만 원짜리 1996년식 갤로퍼에 2,000만 원을 투자했다고 해서 자동차 마니아 사이에 화제가 된 적이 있습니다. 차체는 갤로퍼인데 이것저것 튜닝을 하여 전혀 다른 모델의 차로 탈바꿈한 겁니다. 그만큼 갤로퍼의 차체와 기계적 메커니즘의 완성도가 높다는 의미일 겁니다. 현대모비스가 직접 만든 완성차인 만큼 개발 역사에 숨겨진 스토리들을 살펴보면 좋겠습니다.

현대모비스 시기: 자동차부품 전문기업으로의 완벽한 변신

a. 그룹의 선택과 집중 전략에 따른 독자 노선 구축

현대모비스의 두 번째 역사는 2000년 11월 1일에 사명을 변경하면서 시작되었다. 1997년 12월 외환위기가 발생하면서 현대그룹은 주채권 은행이었던 외환은행과 1998년 11월에 '구조조정 이행약정'을 체결하였고 이를 계기로 그룹의 사업구조조정이 시작되면서 현대모비스도 새로운 전환점을 맞게 되었다.

'MOBIS'는 'Mobile'과 'System'의 합성어로 자동차를 뜻하는 'Mobile'과 복합적인 기계장치의 통일성을 뜻하는 'System'을 결합해 '자동차를 이루는 수많은 첨단부품시스템을 생산하는 자동차부품 전문기업'이라는 의미를 담고 있다. 로고의 경우, 영문 'MOBIS'의 'O'자에 동력 추징의 진보적인 이미지를 빨간색으로 입체감 있게 표현했다. 자동차부품을 시스템적으로 생산하는 '시스템 통합체^{System Integrator}'로서의 미래지향적인 이미지를 나타낸 것이다. 사명 변경과 함께 'Inside Your Car'라는 슬로건을 새로 발표하고 고품질의 부품을 공급하는 자동차부품 전문기업으로서의 역할을 수행하겠다는 의지도 밝혔다.

현대차그룹의 선택과 집중 전략에 따라 사업구조도 바뀌었다. 본래의 4륜구동 자동차 및 공작기계사업을 현대차로 양도하고, 현대차의 영업, A/S부품, 정비 중에서 A/S부품사업을 인수하여 모듈제조사업에 진출하였다. 현대모비스는 2000년 2월과 12월에 각각 현대차와 기아차로부터 A/S부품사업을 인수받으면서 안정적인 수익 창출이 가능해졌고, 자동차부품기업으로서의 성장 기반을 갖추게 되었다.

현대차로부터 인수받은 A/S사업의 내용을 살펴보면 물류센터 5개, 부품사업소 6개, 부품센터 34개 등 전국 사업장과 관련 직원 1,300여 명이었다. 기아차로부터 인수받은 A/S사업부는 물류센터 9개, 부품사업소 11개, 부품센터 9개와 관련 직원 900여 명이었다. 현대모비스는 A/S사업을 인수하고 현대 및 기아차의 물류거점을 5개로 나누어 통합 관리하는 물류합리화 및 물류거점 리스트럭처링restructuring을 실시하였다. 이러한 작업을 통해 11개 부품사업소, 22개 부품센터, 11개 물류센터로 통합하였다. 이후 국내 A/S부품의 매출은 2001년 1.17조 원에서 2014년 1.9조 원으로 증가하였다. 재고비용 최소화 및 물류프로세스 최적화를 통해 물류센터는 9개로 추가 감소되었다.

현대·기아차의 글로벌 판매 증가에 따라 해외에도 A/S부품 거점이 필요해지면서 중국, 미국, 유럽 등에 8개의 해외부품법인을 설립하였으며 42개의 해외부품물류센터를 갖추게 되었다. 이에 현대모비스의 해외 A/S부품 매출은 2001년 5,795억 원에서 2014년 4.3조 원으로 6배 이상 증가하였다.

b. 모듈화라는 글로벌 트렌드에 따라 사업 확장

현대모비스의 모듈사업은 1999년 3월 '샤시 부문 경쟁력 강화방안'이라는 보고서를 통해 샤시 및 칵핏모듈 단계별 추진계획, 의장 부문 사업계획을 마련하면서 시작되었다. IMF체제를 거치면서 한국의 주요 부품사들이 해외 부품사 및 해외 자본에 인수되었기 때문에 기술

국산화를 위해서는 대형 부품사의 탄생이 필요하다는 데 동감했고 그 역할을 현대모비스가 맡게 된 것이다. 현대모비스는 모듈화를 주축으로 기존의 단품 업체를 경쟁력 있게 특화 육성해 안정적인 부품 조달체계를 구축해감으로써 현대·기아차의 원가경쟁력에 기여하게 되었다. 이는 기존 부품조달체계의 한 부분을 단순히 대체하는 것이 아닌, 글로벌 시장의 화두로 떠오르고 있던 '자동차부품의 모듈화'라는 새로운 패러다임을 국내에 적용한다는 측면에서 더욱 의미가 있었다.

현대모비스의 모듈사업 발전 전략은 2000~2001년에는 모듈사업의 기반을 구축하기 위한 샤시 및 칵핏모듈사업 진출, 시스템 엔지니어링 구축, 선진기술 협력 네트워크 구축 등을 계획하며 진행되었다.

Fig 94

현대모비스의 모듈사업 발전 전략

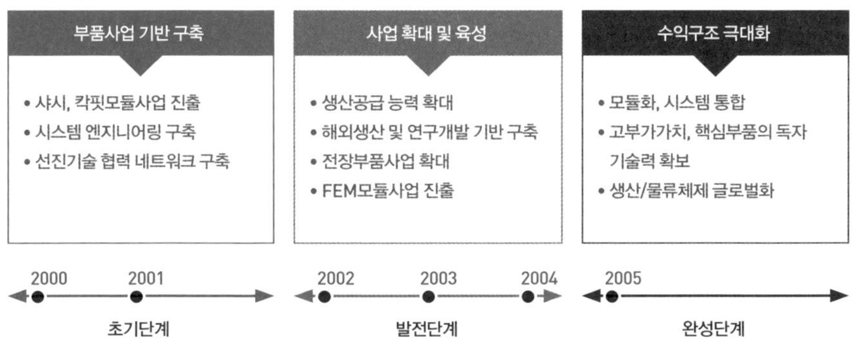

자료: 현대모비스

2002~2004년에는 사업 확대 및 육성에 주력해 생산능력 확대, 해외생산 및 연구개발 기반 구축, 전장품사업 확대, 프론트엔드모듈사업 진입에 주력하기로 했다. 2005년 이후에는 수익구조 극대화를 위해 모듈화 및 시스템 통합, 고부가가치 핵심부품의 독자기술 확보, 생산 및 물류체제의 글로벌화를 추진하는 것이었다.

현대모비스의 모듈이 처음 납품된 차종은 현대차의 트라제이다. 현대모비스는 현대차 울산 공장 내의 수출용 A/S부품 창고에 연간 30만 대 규모의 생산라인을 갖추고 국내 최초로 직서열 공급방식(Just In Sequence)을 통해 모듈 납품을 시작하였다. 직서열 공급은 현대모비스에서 생산한 모듈부품을 완성차 생산라인의 서열 정보에 맞춰 리얼타임으로 공급하는 방식이다. 이를 위해 현대모비스는 모듈공장 건축 시 완성차 생산공장에서 최장 20분 이내 지역에 위치하게 하는 전략을 추진하였다.

모듈부품의 배송 방식도 초기는 팔레트^{Pallet}에 보관했다가 배송 차량으로 운송하였는데, 이전 과정을 줄이기 위해 Skid-to-Skid 방식을 채용하였다. 이것은 모듈 생산 시 스키트(Skid, 부품조립대) 위에서 작업한 뒤 스키트와 함께 모듈 배송 차량에 적재해 완성차 생산라인에 그대로 투입하는 방식이다. Skid-to-Skid 방식은 2003년에 처음 적용되었고, 해외 공장에는 북경 공장에 처음 적용되었다. 미국에서는 한 단계 더 발전하여 컨베이어 방식을 채용하였다. 이 방식은 모듈업체가 완성차 생산공장 내에 위치하면서 직서열로 공급하는 서플라이어 파크 개념의 일환으로, 생산된 모듈을 완성차 생산라인과 바로 연결된 컨베이어로 직서열 공급하는 것이다. 이는 팔레트나 모듈 차량에 의한 별도의 이동 과정이 필요 없어 품질을 획기적으로 보증할 수 있다. 현재 추진 중인 체코 및 미국 조지아 공장도 이 방식을 채택하였다.

초기 샤시모듈은 크게 액슬, 서스펜션, 서브프레임 등 자동차의 뼈대를 이루는 40여 개의 부품을 시스템화해 완성차업체에 공급하는 것이었다. 당시 샤시모듈은 협력사가 공급한 부품을 단순 조립하는 수준이었지만 향후 기아차 국내 공장의 생산물량을 제외하고는 현대·기아차의 글로벌 전 모델에 납품하는 기반이 되었다. 샤시모듈을 시

현대모비스의 국내 모듈공장 현황

구분	생산 품목	양산 시점	생산능력 (대)	차종
아산모듈공장	샤시, 칵핏, 프론트엔드	2002년 7월(영인), 2004년 8월	300,000	쏘나타, 그랜저
울산모듈1공장	샤시, 칵핏	2001년 7월	620,000	클릭, 베르나, 에쿠스, 포터, 투싼, 싼타페, 베라크루즈
울산모듈2공장	샤시	1999년 10월(변속기동), 2005년 2월	620,000	아반떼, 투싼, 포터, 스타렉스
이화모듈공장	컴플리트 샤시모듈, 칵핏	2003년 3월 2000년 11월(화성), 2003년 8월	250,000 650,000	쏘렌토 K3, K5, K9, 쏘렌토
포승모듈공장	샤시	2002년 7월	400,000	K3, K5, K9
SH모듈공장	칵핏, 프론트엔드	2001년 2월(소하리), 2004년 11월	350,000 150,000	프라이드, 카니발
서산모듈공장	샤시, 칵핏	2004년 1월	150,000	모닝
광주모듈공장	평동-칵핏, 프론트엔드 송내-프론트엔드	2004년 7월 2006년 4월	150,000 300,000	스포티지 카렌스

자료: 현대모비스

작으로 모듈사업의 기반을 다진 현대모비스는 1999년 말 칵핏모듈과, 2002년 프론트엔드모듈로 영역을 확장하였다. 또한 현대·기아차의 글로벌 생산계획에 맞춰 중국, 미국, 인도, 슬로바키아, 체코 등 현지에 모듈공장을 건설하여 글로벌 생산거점을 확대해나갔다.

Fig 96

현대모비스의 해외 모듈공장 현황

구분	법인명	양산 시점	생산 품목	생산능력 (대)
중국	강소모비스	2002년 5월	샤시, 칵핏, 프론트엔드	450,000
	북경모비스	2002년 11월	샤시, 칵핏, 프론트엔드, 범퍼	900,000
미국	모비스앨라바마	2002년 11월	샤시, 칵핏, 범퍼, 사출품	300,000
	모비스조지아	2007년 5월	샤시, 칵핏, 프론트엔드, 범퍼	300,000
	모비스오하이오	2005년 3월	컴플리트 샤시모듈	150,000
유럽	모비스슬로바키아	2004년 2월	샤시, 칵핏, 프론트엔드, 범퍼, 사출품	300,000
	모비스체코	2006년 12월	샤시, 칵핏, 프론트엔드	300,000
인도	모비스인디아	2005년 6월	샤시, 칵핏, 프론트엔드, IP, 캐리어	600,000
러시아	모비스러시아	2010년 1월	칵핏, 프론트 범퍼, 리어범퍼, 콘솔	200,000
브라질	모비스브라질	2011년 2월	샤시, 칵핏, 범퍼	200,000
터키	모비스터키	2013년 9월	샤시, 칵핏, 프론트엔드	200,000
멕시코	모비스멕시코	2016년 5월	샤시, 칵핏, 프론트엔드	300,000

자료: 현대모비스

c. 핵심부품 위주의 기술제휴 통해 사업 역량 확대

현대모비스는 모듈 생산 이외에 모듈의 핵심부품에 해당하는 에어백, ABS, ESC, 전동식조향시스템, MDPS 등 고부가가치의 안전, 제동, 조향 시스템 생산을 통해 부가가치를 창출한다는 목표를 세우고 적극적인 투자를 추진하였다. 안전 부문은 미국의 에어백회사인 브리드(Breed, 현재의 KSSI)와 기술협력 계약을 체결하면서 초기 기술력 확보에 노력하였다. 그리고 듀얼스테이지 에어백 개발에 성공하면서 2002년 발표회를 가지고 북미 수출용 베르나(LC) 차종에 적용하였다.

제동 부문은 2001년 보쉬와 ABS 및 ESC 개발을 위한 포괄적인 기술협력 개발을 체결하면서 시작되었다. 2005년 6월에는 기본 제동장치인 CBS를 생산하고 있던 카스코의 지분을 38.3% 인수했다. 뒤이어 2007년 6월에는 완전 흡수합병하면서 ABS, ESC와 CBS를 연계하여 생산할 수 있는 체계를 갖추게 되었다.

조향부품 부문은 핵심부품 제조 영역을 확대하는 차원에서 전동식 조향 시스템인 MDPS를 생산하기로 결정하고 2005년 TRW와 기술협력 계약을 체결하였다. 2005년 10월 포승 모듈공장 내에 연산 80만 대 규모의 MDPS공장을 준공하고 현대차 아반테, 기아차 씨드에 납품을 시작하였다.

2006년 6월에는 램프사업TFT를 구성하여 램프 생산도 추진하였다. 이는 프론트엔드모듈을 구성하는 핵심부품인 헤드램프 생산을 통해 프론트엔드모듈 제조 역량을 한층 강화하기 위해서였다. 2007년 1월에는 미국의 AL(Automotive Lighting)과 기술협력 계약을 체결하면서 기술

핵심부품사업 관련 기술제휴 현황

칵핏	제휴사	제휴일	제휴 내용
제동장치	보쉬	2001년 11월	ABS 8 및 ESC 8 기술 사용
알루미늄 암	ZF	2002년 11월	알루미늄 암 공동 개발
에어백	KSSI	2002년 12월	어드밴스드 에어백시스템 특허 및 신기술 사용
MDPS	TRW	2005년 2월	MDPS시스템 및 ECU 기술 사용
램프	AL	2007년 1월	최신형 헤드램프 개발

자료: 현대모비스

확보를 추진하였다. 2004년에는 인희라이팅을 인수한 뒤, 2008년에 김천 램프공장을 완공하면서 직접 램프를 생산하기 시작하였다.

전장부품에 대해서도 2001년 5월 카트로닉스(Cartronics, Car+Electronics) 연구소를 설립하면서 연구개발을 본격화하였다. 현대모비스는 초기 기술 확보를 위해 2001년 8월에 일본의 부품회사인 알파인Alpine과 카오디오, AV시스템, 멀티미디어 개발 관련 기술협력 계약을 맺었다. 2002년 5월에는 글로벌 업체인 지멘스VDO오토모티브와 차량전장통합모듈 공동개발을 위한 기술협력 계약을 체결하였다.

또한 그룹의 전장부품사로 역할이 확대되면서 2009년 5월에는 그룹 내 ECU, AVN 생산업체인 현대오토넷을 흡수합병하였다. 현대차는 2005년 7월 현대전자에서 분사한 AVN(Audio, Video, Navigation) 중심의 전장부품업체 현대오토넷을 예금보험공사로부터 2,371억 원에 인수한 바 있다. 또한 2006년 2월 기아차에 AVN 부품을 납품하던 본텍도 현대차그룹으로 인수해 현대오토넷과 합병했는데 이를 2009년에 현대모비스가 인수한 것이다. 기존에 현대모비스는 2002년에 본텍을 합병하려고 하였으나 한차례 무산됐고 현대오토넷 인수 전에 독일 지멘스가 본텍 대주주인 정의선 부회장의 지분을 인수한 뒤 M&A가 이뤄졌다.

전장부품 초기 기술제휴 구성도

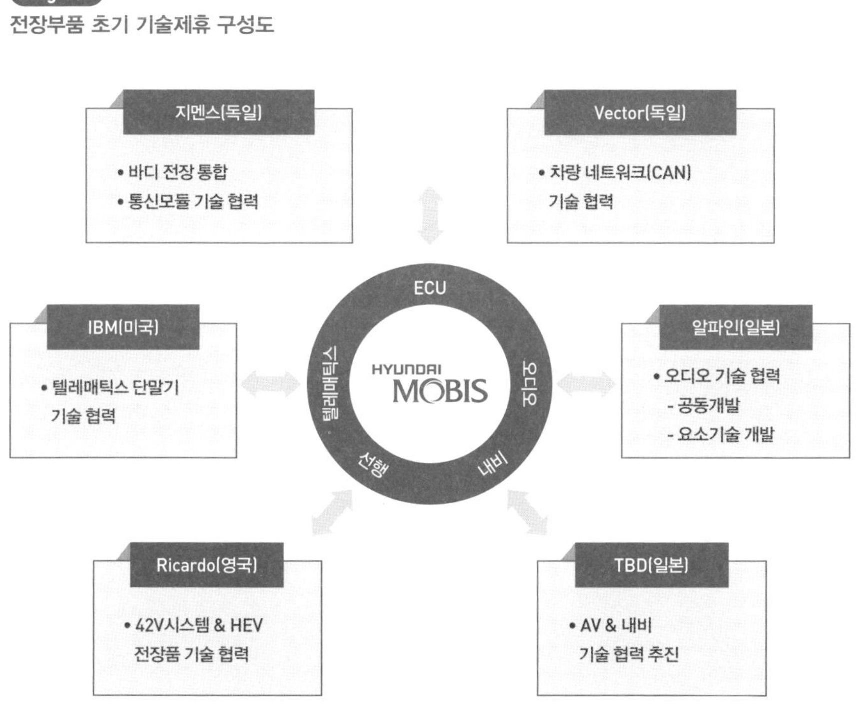

자료: 현대모비스

현대정공의 역사에서 현대모비스로 확대 적용해야 할 필요가 있는 경험 및 정신은 무엇일까요?

　현대차그룹 중 현대차는 2014년에 역사에세이를 채용 인적성 검사에 도입하였습니다. 아직 현대모비스 채용 과정에서 역사에세이는 없지만 현대차그룹이 역사를 강조하기 시작한 것은 정몽구 회장의 역사관 강조에 그 배경이 있다는 것을 염두에 둘 필요가 있습니다. 정몽구 회장은 2013년 11월 경영회의에서 국사공부를 하라고 직원들에게 주문했습니다. 정몽구 회장은 "역사관이 뚜렷한 직원이 자신을 그리고 회사를, 나아가 국가를 사랑할 수 있다"며 "뚜렷한 역사관을 가지고 차를 판다면 이는 곧 대한민국의 문화도 같이 파는 것이고 이는 글로벌 시장에서 우리의 가장 큰 힘이 될 것"이라고 말했습니다.

　현대모비스는 현대차그룹의 제1부품사이기도 하지만 한국에서 가장 큰 부품사로서 기술개발을 선도해야 할 의무가 있습니다. 그러나 아직 현대모비스의 기술력이나 제품력은 글로벌 리더의 위치라고 보기는 어렵습니다. 앞서 글로벌 부품사의 특징에서 본 것처럼 글로벌 상위의 부품사는 글로벌에서 과점의 위치를 차지하고 있는 주력제품이 있고 그 제품을 바탕으로 파생제품을 개발해가고 있습니다. 현대모비스는 현대정공 시절에 컨테이너로 글로벌 1위를 차지한 바 있습니다. 글로벌 1위를 해본 적 있는 차별화된 성공의 경험과 역사 속에는 부품업체로서 성장해가는 현대모비스가 되살려서 적용해야 할 부분이 분명히 있을 것입니다.

'자동차 모듈화'를 키워드로 해서 관련 자료들을 탐색해보기 바랍니다. 대체적인 시각은 자동차 경쟁력 향상의 관건은 모듈화에 있다는 점, 모듈에 의한 설계 표준화가 플랫폼을 사라지게 한다는 점, 현대모비스의 JIS(Just In Sequence) 생산 방식도 결국 모듈 조달 방식이라는 점, 모듈화는 부품업체와 완성차업체가 역할을 분담함으로써 완성차업체의 비용 효율화를 높일 수 있다는 점 등과 같은 중요한 메시지를 담고 있습니다. 모듈화에 대한 이해도가 높아질수록 현대모비스를 바라보는 시각도 보다 예리해질 겁니다.

02

현대모비스의
비전 및 인재상

'글로벌 탑 티어'를 향한 비전 2020

현대모비스의 비전은 2020년까지 글로벌 5위의 부품사로 도약하는 것이다. 현대모비스는 2014년 기준, 매출액 순위로 글로벌 6위를 기록하고 있지만 현대·기아차의 글로벌 판매 성장률이 둔화되고 있기 때문에 비전 달성을 위해서는 해외 완성차업체에 대한 수주 확대가 필요한 상황이다.

현대모비스의 슬로건은 '자동차에서 삶의 동반자로(Lifetime partner in automobiles and beyond)'이다. 이는 핵심부품뿐 아니라 차량 판매 후 사후 서비스인 A/S부품유통까지 맡는 사업구조를 가지고 있기에 차량의 생산 초기부터 고객이 차량을 구매해간 후까지의 사이클을 온전히 책임지겠다는 의미로 풀이된다. 비전을 달성하기 위한 미션으로는 세 가지를 설정하고 있다. 첫째는 품질·기술·가격의 경쟁력 확보를 통한 현대·기아차 글로벌 경쟁력 제고 지원, 둘째는 자동차 전자화 기술력 확보를 통한 미래 자동차부품산업 선도, 셋째는 글로벌 시장 확대를 통한 수익 극대화 및 지속성장 추구이다.

중장기 경영목표는 2020년 해외 완성차 대상 매출 비중을 20% 달성하는 것이다. 이를 위한 세부사항으로는 모듈 중심에서 전자화 중심의 사업구조 변화를 전개할 계획이다. 또 다른 경영목표는 제동·조향·안전 시스템, 인포테인먼트(infotainment, 정보와 오락을 함께 제공하는 프로그램), 메카, 친환경 핵심부품으로 구분되는 4대 핵심사업을 설정하고 육성하는 것이다.

Fig 99

현대모비스의 비전과 미션

자료: 현대모비스

 **미래 자동차부품산업을 선도하는 데 자신의 어떤 경험과 장점을 보여줘야 할지 고민해봅시다.**

우스개 이야기지만, 면접에서 '고객이 매장에 와서 불만을 제기할 때 담당 직원은 어떻게 대응해야 하느냐는 질문에 따라 현대와 삼성의 기업문화 차이를 알 수 있다는 말이 있습니다. 삼성은 조직의 힘, 즉 시스템을 중요하게 생각합니다. 그럼 어떻게 답해야 할까요? 면접 질문의 답변 또한 고객의 불만사항을 접수해서 윗선에 잘 보고하는 방향으로 전개해야 할 겁니다. 반면, 현대는 전투력, 즉 정면돌파형 기업문화를 갖고 있다는 세간의 평가가 있습니다. 그러니까 본인 선에서 어떻게든 고객의 불만을 잠재울 수 있도록 최선을 다하겠다는 방향으로 답이 전개되어야 하겠죠. 기업문화는 인적성 검사나 면접에서 중요한 잣대로 작용될 수 있습니다. 시스템을 중시하는 기업문화를 갖고 있다면 협업을 통해 성취한 경험, 커뮤니케이션 능력, 수시 보고의 중요성 같은 주제를 잘 다뤄야 합니다. 반면 개인의 개성과 능력을 중시하는 기업문화라면 창업 경험, 문제해결 능력, 도전정신, 개인의 희생을 통한 팀의 목표 달성 스토리 등에 대한 주제를 잘 다루면 유용할 겁니다. 현대모비스가 미래 자동차부품산업을 선도하는 데 있어 자신의 어떤 경험과 장점을 부각해서 보여줘야 할지 힌트를 얻기 바랍니다.

현대모비스의 근간이 된 현대차그룹의 경영이념체계

현대모비스는 현대차그룹의 일원으로서 그룹의 경영이념체계 안에서 시스템을 정립하고 변화하면서 발전해왔다. 현대모비스의 경영철학 및 핵심가치는 현대차그룹의 이념에 기반하고 있어 현대차그룹의 경영이념체계를 이해하는 것이 필요하다. 현대차그룹의 경영이념체계는 철학, 핵심가치, 비전의 세 가지로 구성되어 있으며 철학과 핵심가치는 모든 계열사가 공유하면서 비전은 각 사의 역할에 맞게 설정되어 있다.

먼저, 현대차그룹의 경영철학은 '창의적 사고와 끝없는 도전을 통해 새로운 미래를 창조함으로써 인류사회의 꿈을 실현한다'이다. 이는 현대차그룹이 존재하는 가장 근본적인 이유이자 목적이며 근간이 되는 정신이다. 경영철학을 구성하는 핵심개념은 세 가지로, 무한책임정신, 가능성의 실현, 인류애의 구현이다. 무한책임정신은 이해관계자들에 대한 책임의식과 고객에게 최상의 품질을 제공하고자 하는 책임정신을 의미한다. 가능성의 실현은 실패를 두려워하지 않는 도전정신을 의미한다. 인류애의 구현은 최고 수준의 제품과 서비스를 보다 많은 사람들에게 제공함으로써 인류사회 전반의 생활 수준을 향상하는 데 기여하고자 하는 목표를 의미한다. 또한 현대차그룹은 환경 문제에 능동적으로 대응하여, 글로벌 지역사회에 공헌하고자 하는 의지를 가지고 있다.

현대차그룹이 추구하는 핵심가치는 행동과 의사결정의 기준이 되는 가치, 다섯 가지로 구성되어 있다. 글로벌 지향, 고객 최우선, 인재 존중, 소통과 협력, 도전적 실행이다.

임직원 현황 및 인재상

현대모비스의 임직원 수는 2014년 기준 22,842명으로 국내 8,170명, 해외 14,672명으로 구성되어 있다. 국내 임직원을 직군별로 보면 관리직이 3,473명이고 연구원이 2,086명, 현장직이 2,211명으로 가장 많은 비중을 차지하고 있다. 해외 직원의 현황은 중국이 가장 큰 비중을 차지하고 있으며 미국 및 유럽도 3,800명 수준으로 큰 비중을 차지하고 있다. 현대모비스 직원의 여성 비율은 10.9%이며 과장급 이상의 여성 중간 관리직의 비율은 0.4%에 불과하여 제조업의 특성상 남성 위주의 구성과 보수적인 문화를 갖추고 있다.

현대모비스 직원의 평균 근속연수는 2014년 기준으로 12.6년이며 1인 평균 급여액은 9,000만 원을 기록하였다. 부품사로서는 평균 급여액이 한국에서는 가장 높은 수준이다. 완성차인 현대차는 평균 근속연수 16.9년 및 평균 급여액 9,700만 원으로 근속연수 차이를 감안할 때 동일 직급의 경우에는 현대차와 큰 차이가 없는 것으로 추정된다.

국내외 임직원 현황

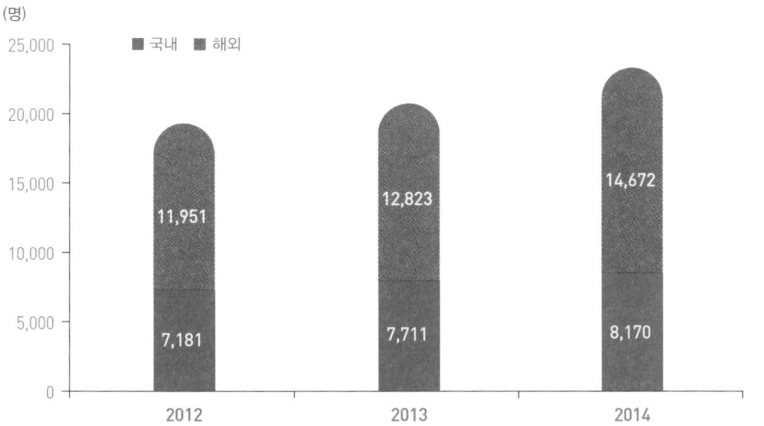

자료: 현대모비스

지역별 해외 임직원 현황

(단위: 명)

구분	2012		2013		2014	
	관리직	전체	관리직	전체	관리직	전체
미주	635	3,140	725	3,439	787	3,828
유럽	705	3,334	833	3,615	910	3,858
중국	1,251	4,307	1,438	4,863	1,660	5,885
아태/기타	548	1,170	658	906	887	1,101
합계	3,139	11,951	3,654	12,823	4,244	14,672

자료: 현대모비스

국내 임직원 구성

(단위: 명)

구분	분류	비고	2012	2013	2014
임원과 직원 (주재원 포함)	임원	회장/부회장/사외이사 포함	96	96	102
	직원	파견직/고문/자문 제외	7,085	7,615	8,068
직군별	임원	회장/부회장/사외이사 포함	96	96	102
	관리직	부장~5/6급	2,869	2,964	3,473
	연구직	연구원	1,884	2,243	2,086
	현장직	생산/기능직	2,205	2,183	2,211
	기타	계약/별정	127	225	298
성별	여성		682	813	888
	남성		6,499	6,898	7,282
	여성비율 (%)		9.5	10.5	10.9
합계			7,181	7,711	8,170

자료: 현대모비스

현대모비스의 인재상은 현대차그룹의 다섯 가지 핵심가치에 맞춰져 있다. 글로벌 경쟁력을 갖춘 현대모비스인, 인재 존중의 기업문화를 실천하는 현대모비스인, 고객 만족을 최우선시하는 현대모비스인, 소통과 협력에 앞장서는 현대모비스인, 도전적 추진력으로 실행하는 현대모비스인이다.

자동차산업은 각 국가의 정치적인 이해관계가 얽혀 있어 정부의 파워 측면에서 상대적으로 열위에 있는 한국 자동차산업이 글로벌 시장에서 지속성장을 이어가려면, 원가경쟁력을 유지하고 기술 축적 및 상품경쟁력을 확보하는 방법 외에는 없다. 앞서 살펴본 것과 같이 현재 자동차산업은 친환경차, 스마트카의 등장과 메가 서플라이어의 탄생으로 완성차업체가 여러 가지 측면에서 도전을 받고 있다. 현대모비스는 한국의 자동차 기술을 선도하는 부품사로서 세계 최고의 기업으로 성장할 역량을 충분히 갖추고 있으며, 또한 선도해야 할 의무도 있다. 한국 자동차산업의 기술 발전 및 부품업체의 글로벌 시장점유율을 확대하는 데 선도를 담당하기 위해서는 가장 역동적으로 움직이고 발전해야 하는 기업이다.

현장의 중요성 되새기기

기업이 원하는 신입사원의 덕목은 무엇일까요?

기업이 신입직원을 채용할 때 가장 보고 싶어 하는 능력은 문제해결에 대한 자신감과 배짱일 것입니다. 신입사원은 회사의 미래입니다. 미래는 누구도 예단하기 어렵습니다. 자동차산업도 앞서 살펴본 바와 같이 바로 앞의 미래를 쉬이 예측하기 어려운 정도로 경쟁구도와 산업 생태계가 빠르게 변화되고 있습니다. 현재 현대차그룹은 성장 둔화 및 대외환경 악화 등으로 어려움을 겪고 있습니다. 이미 여러 번의 위기를 잘 극복하고 성장해왔지만 현재는 자동차산업 전체의 프레임이 변화하는 과정에 있어 다른 방식의 문제 해결이 필요한 시기입니다.

현대차그룹이 어떠한 어려움에 부딪혔을 때 문제를 해결해나가는 과정에서 가장 강조하는 것은 '현장'입니다. 현장은 인기 드라마 〈미생〉에서도 나왔듯이 여러 곳이 될 수 있습니다. 사무실이 될 수도 있고 판매 현장이 될 수도 있고, 제조업의 경우 생산공장이 될 수도 있습니다. 현대차그룹에 현장의 의미는 생산공장에 기반을 두고 있습니다. 현대자동차서비스 시절부터 현장에서 잔뼈가 굵은 정몽구 회장은 품질 및 인사에 관한 중요한 결정들을 할 때 모두 현장에 기반을 두었습니다. 특정 시장의 판매가 부진하거나, 새로운 공장을 건설할 때면 현대차그룹의 최고경영층(Top management)은 언제나 해당 시장과 공장을 방문하여 현장의 목소리를 듣고 문제를 해결하고 발전 방향을 모색해왔습니다. 자동차의 기본은 품질에 있다는 철학 하에 제품 생산이 이루어지는 공장을 수시로 방문하여 점검했고, 자동차의 품질 향상을 위해 관련 밸류 체인을 그룹 내에 수직계열화시켜왔습니다. 자동차는 첨단기술이 결합된 제품으로 겉은 화려해 보이지만 생산되는 곳은 대부분 비수도권의 외곽 지역입니다. 종업원의 대부분이 서울의 본사보다는 생산공장에서 근무하고 있어 면접 시 근무지에 대한 질문을 듣게 될 가능성이 높습니다. 현대차그룹의 근본 경영철학이 현장, 즉 생산공장에 기반하고 있음을 감안할 때 공장에서 근무하는 것은 현대차그룹의 일원이 되기 위한 경험으로 생각하는 자세가 필요합니다.

03

현대차그룹의
사업구조

자동차사업을 중심으로 한 수직계열화 구조

현대차그룹은 현대·기아차의 완성차를 중심으로 소재, 부품, 물류, 금융 등 전후방 사업의 밸류 체인을 수직계열화한 사업구조를 갖추고 있다. 2011년에는 구舊 현대그룹의 모체가 되었던 현대건설을 인수하면서 건설 부문을 갖추게 되었다.

2000년대 초반의 현대차그룹의 비전인 GT-5는 현대·기아차의 양적 성장을 핵심가치로 담고 있었다. 계열사들은 수직계열화를 통해 완성차의 글로벌 생산능력 확대 및 원가경쟁력을 뒷받침하였다. 이러한 과정에서 기업가치 상승이 가장 가파르게 진행된 기업은 현대모비스와 현대제철이다. 현대모비스와 현대제철은 모듈 및 부품사업과 고로高爐 사업자로 변화되며 완성차의 원가경쟁력 향상을 가져왔다. 현대모비스와 현대제철의 주가는 2001~2008년에 1,437% 및 734%의 상승을 기록, 그룹 대표사인 현대차 대비 각각 6.4배 및 3.2배 높은 상승률을 기록하였다.

2014년 현대차그룹의 계열사들이 발표한 비전 2020은 각 사의 전문 영역 구축 및 완성차 제조 부분의 계열 부품사로의 아웃소싱 확대를 담고 있다. 현대·기아차는 새로운 경쟁 환경에 의한 리스크를 완화시키고 브랜드 향상을 기반으로 밸류 컨트롤러Value Controller로의 변화를 추진해나갈 전망이다. 계열 부품사들은 완성차의 생산 비용을 낮추고 밸류 체인을 수평·확장해갈 것으로 예상된다.

Fig 103

현대차그룹의 발전 과정

발전 과정	밸류 체인 형성기	투자 회수기	그룹 밸류 정체기	사업구조 재편
년도 (기간)	2001~2008년	2009~2011년	2012~2014년	2014~2020년
주요 내용	• 현대그룹에서 분리 (2000년 8월) • 자동차 부문 밸류 체인 수직계열화 • 해외 생산능력 확대	• 자동차 부문 이익 회수기 • 글로벌 가동율 100% 상회 • 현대·기아차 브랜드 인지도 상승	• 현대건설 인수로 자동차-철강-건설 사업다각화 • 현대·기아차 모델 노후화 및 경쟁 심화로 성장 둔화	• 그룹 계열사 간의 전문영역 구축으로 핵심 밸류 내재화 • 그룹 생산구조 재편 및 밸류 체인 수평 확장 • 현대·기아차 1천만 대 판매 시대 개막
수혜주 (주가 상승률)	• 현대모비스 (2,036%): 완성차 및 군수사업 → A/S부품 및 모듈회사 • 현대제철(1,023%): 전기로 → 일관 제철 회사	• 기아차(1,160%): 디자인경영으로 턴어라운드 성공, 글로벌 시장에서 가장 빠르게 성장	• 현대글로비스(74%): 유통 부문 사업 확대, 지배구조 수혜주로 관심 • 현대위아(37%): 엔진 생산 확대 및 기계 부문 성장	현대위아 현대모비스 현대하이스코

자료: 현대차그룹 계열사

현대차그룹의 사업구조

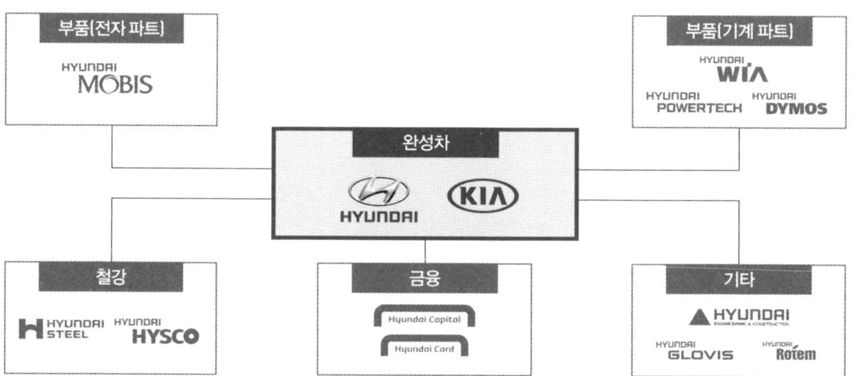

현대차그룹의 계열사 비전 2020

계열사	비전2020
현대모비스	글로벌 Top5 달성. 해외 OEM 매출 비중 20%, R&D인력 2,250명에서 3,000명으로 확충.
현대위아	매출 20조 원 달성. 공작기계 글로벌 Top3 달성.
현대하이스코	매출 8.6조 원 달성. 4대 주력사업 분야 선정.
현대글로비스	매출 20조 원대 달성. 해운 매출 2조 원 → 8.2조 원(해운업계 3위)
현대로템	글로벌 Top5 종합 철도회사, 국내 1위 지상무기업체 도약.

자료: 각 사

자신의 장점이나 성격을 직무와 연관시켜 설명해봅시다.

현대모비스는 사업구조상 소싱의 역할이 중요합니다. 연구에 의하면 자동차업계의 경우 구매 부품이 총 제조 원가의 50~80%를 차지한다고 합니다. 또한 품질 문제의 30%, 부품 조달이 제때 되지 못해 생산에 소요되는 기간이 늘어나는 제조 리드타임의 80%가 부품 공급업체 때문에 발생한다고 합니다. 이런 문제를 피하기 위해 기업들은 나름의 대안을 찾게 됩니다. 삼성전자나 현대차 같은 글로벌 기업들은 대부분 바이 소싱Bi-sourcing 구조를 갖고 있습니다. 기업 내부에서도 소싱하지만 이와 더불어 아웃소싱도 병행하는 겁니다. 납기 문제나 가격 정책에서 자체 소싱 기능을 갖고 있으면 아웃소싱 업체들과의 협상에서도 유리한 점이 많기 때문입니다. 소싱 구조에서는 기본적으로 협력 파트너사의 역량이 중요할 수밖에 없습니다. 소싱하는 기업 입장에서는 품질을 살피는 요령, 품질 관리 능력, 디테일한 부분을 보는 눈, 협력사 관리 부분이 중요할 겁니다. 자, 여기서도 마찬가지입니다. 자신의 성격이나 장점 중에 위의 내용과 부합할 수 있는 부분이 있다면, 그런 내용을 지원 직무와 연결시켜 지원동기를 만들어볼 필요가 있습니다. 그냥 자신의 성격이 어떠하다고 말하는 것과 실제 기업의 현장에서 일어나고 있는 부분과 결합시켜서 자신의 장점이 그런 쪽에서 발휘될 수 있을 것이라고 어필하는 것은 면접관 입장에서 매우 다르게 느껴질 수밖에 없습니다. 동아리 활동을 언급할 때도 마찬가지입니다. 일처리 과정에서 디테일한 부분의 중요성을 많이 알게 되었다면 그런 부분이 소싱 업무에서 장점이 될 수 있다는 이해도를 보여주는 것이 바로 직무 역량을 보여주는 것입니다.

각 계열사의 향후 과제

현대차그룹의 사업구조는 일본의 도요타그룹을 벤치마킹하면서 유사한 수직계열화를 이루고 있다. 차이점은 도요타그룹은 각 계열사의 기술 및 매출 독립성이 높아 완성차의 실적 둔화에 대한 리스크가 상대적으로 낮다는 점이다.

도요타그룹은 계열 부품사들이 글로벌 최고의 경쟁력을 갖추고 있으며 도요타에 대한 매출 의존도가 낮아 수직계열화로 인한 시너지 효과가 더욱 크다. 글로벌 완성차 입장에서는 부품사의 기술·품질·가격 경쟁력이 유사하다면, 특정 완성차 계열에 속한 부품사보다는 독립된 부품사와 거래를 할 것이다. 도요타그룹 내 6개의 부품사는 도요타에 대한 매출 비중이 평균 29%로 낮은데, 이는 도요타그룹의 부품사들의 높은 기술력을 입증해준다. 도요타의 부품사들은 각기 구분된 제품 영역에서 세계 최고의 기술력을 갖추고 있어 독자 영업을 추진하고 있으며 완성차에 선도적인 기술 제안도 가능하다. 또한 신제품에 대한 업무 분장을 각 계열사가 모여 수평적으로 협의하여 결정한다. 계열 부품사의 높은 기술 수준과 도요타보다 높은 매출액 대비 R&D 투자 비중은 도요타의 R&D 투자 부담을 경감시켜주고 있다.

한편, 현대차그룹도 도요타와 비슷하게 수직계열화를 이루고 있으나 계열사들의 현대차에 대한 매출 의존도가 80~90% 수준으로 매우 높다. 기술에 대한 의존도도 높아 역할 구분도 완성차가 톱다운Top-down 방식으로 결정하는 경우가 많다. 사업 연관성이 높다는 것은 완성차의 실적에 따라 그룹의 실적이 좌우된다는 것을 의미한다. 현대·기아차가 고성장을 할 때는 계열사의 실적도 동반 성장함에 따라 그룹 전체가 향유할 수 있는 몫이 커진다. 반면, 완성차의 성장이 정체되거나 하락기에 접어들면 계열사의 실적도 동반 하락하게 되고, 그룹 전체의 하락 사이클을 막기 위해 완성차가 무리하게 가동률을 유지하는

Fig 106

도요타그룹의 부품 계열사 현황

구분	회사명	지분율	제품	FY16E 매출 (십억 엔)
부품사 (6개)	덴소	도요타(22.3%), 도요타 인더스트리(9.8%)	공조, 엔진 관련 시스템, 조향, 브레이크, 전장	4,518
	아이신세이키	도요타(22.3%), 도요타 인더스트리(7.0%)	변속기 관련 시스템, 변속기, 브레이크, 샤시	3,140
	JTEKT	도요타(22.5%), 덴소(5.4%)	조향, 차축, 등속조인트, 베어링, 센서(80%)/ 공작기계(20%)	1,406
	도요타 보쇼쿠	도요타(39.3%), 덴소(5.4%)	내장재, 필터, 직물류	1,325
	아이치 스틸	도요타(23.7%), 도요타 인더스트리(6.8%)	단조, 특수강, 스테인레스	241
	도요타 고세이	도요타(42.7%)	에어백, LED램프, 내외장재, 호스, 파워트레인 기능 부품	743
OEM 생산 (3개)	도요타 인더스트리	도요타(23.5%), 덴소(9.1%)	차량(54%): 소형차 Vitz(글로벌), Rav4(일본), 승용 및 SUV엔진, 금형, 컴프레셔, 하이브리드 부품/물류(33%)	2,240
	히노 모터스	도요타(50.1%)	버스, 트럭, 상용차, 디젤 엔진	1,765
	다이하츠 모터	도요타(51.2%)	소형차, 밴	1,791
지분 투자 (3개)	고이토	도요타(20.0%)	램프류, 디스플레이	769
	가야바	도요타(7.6%)	현가, 완충장치(56%), 유압기계장치(41%)	388
	도카이 리카	도요타(31.2%), 덴소(9.4%)	전장, 조향, 안전벨트, 잠금장치, 스위치류	475

자료: 도요타

도요타그룹 및 현대차그룹 계열사의 매출액 대비 R&D 비중(2013년)

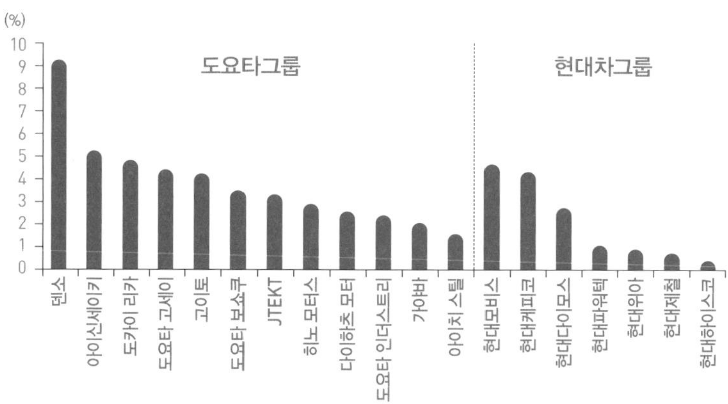

참고: * 도요타그룹 계열사는 FY14 기준

자료: 각 사

현대차그룹의 사업부별 매출구조(2014년)

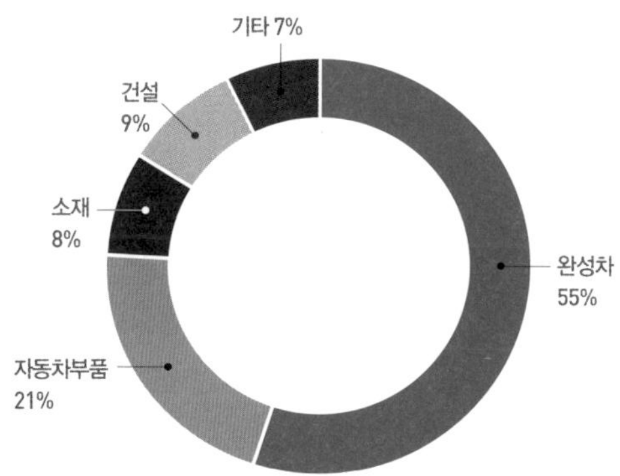

참고: 상장사 10개 및 현대엔지니어링의 합산

자료: 각 사

등 악순환에 빠질 위험 요인이 있다. 현대·기아차는 이미 글로벌 6위의 상위 업체로 향후에는 양적 고성장을 기대하기 어렵다. 이제 질적성장으로 전환해야 하는 시기를 맞아, 각 계열사도 완성차에 대한 의존도를 낮추고 글로벌 경쟁력을 갖추는 것이 시급한 과제이다.

관련 자료 찾아보기 ⑫
검색 키워드, '현대차 수직계열화'

'현대차 수직계열화'를 키워드로 관련 내용들을 살펴보기 바랍니다. 도요타 사례처럼 현대차그룹의 수직계열화가 성공적으로 진행되고 있음을 보여준 사례가 최근에 나타나고 있습니다. 2015년 초반 언론에서 주로 소개한 현대차그룹의 2014년 실적을 보면 현대·기아차 실적은 매우 부진하였지만 주요 계열사인 현대모비스, 현대제철, 현대글로비스 등은 양호한 모습을 보여줬습니다. 현대·기아차의 부진은 글로벌 판매량 신기록에도 불구하고 환율의 악영향이 컸기 때문입니다. 하지만 현대모비스의 경우 현대·기아차 납품 외에도 해외 A/S부품 시장에서 선전하면서 그룹 전체 실적에 밸런스 역할을 했다는 분석입니다. 도요타의 부품자회사들이 각자 경쟁력으로 도요타만 쳐다보지 않는 것과 유사한 모습입니다. 이와 관련된 자료를 찾아본다면 현대차그룹의 수직계열화가 단순히 제조 공정상의 수직화에만 있지 않고 그룹 경영의 안정성과 균형감을 보강하면서, 나아가 현대모비스의 글로벌 경쟁력 제고를 목표로 하고 있다는 점을 이해할 수 있을 것입니다.